日本復活と青少年教育

—社会の安定・継続のあり方—

森田勇造

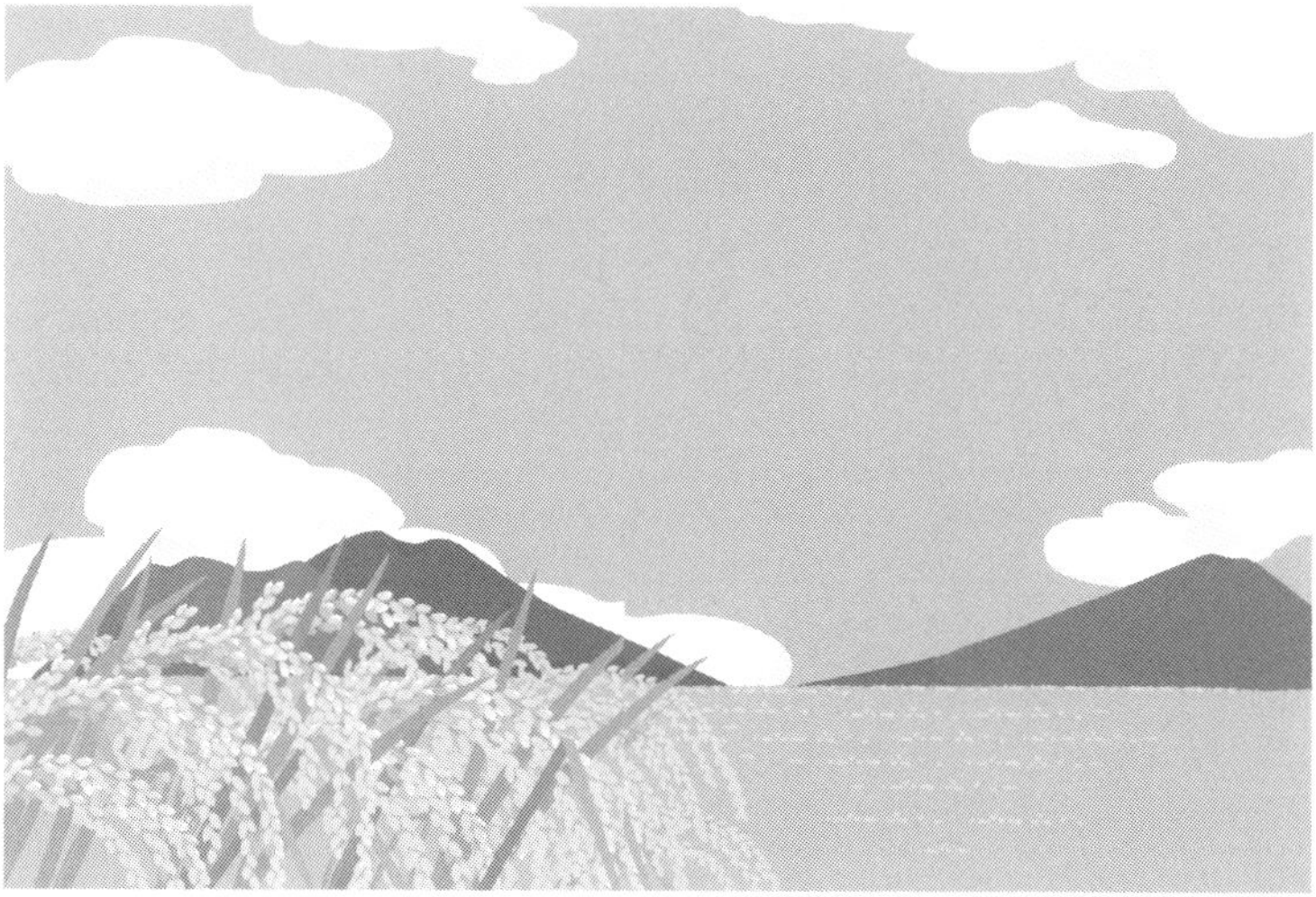

三和書籍

日本復活と青少年教育　目次

はじめに

世の中にはいろいろな国があるが、日本は外国から見ると、地理的、文化的、経済的、民族的だけではなく、国のあり方がはっきりしない、不思議な国なのである。

私は、一九六四年の東京オリンピック大会が開催された年以来、今日までの五八年間に一四二か国を探訪し、多くの民族の生活文化を踏査して、各国の人々と接してきた。

各国で、日本について尋ねられたが、若い頃には力量不足で十分な説明ができず、大変苦労した。何より、多くの人から尋ねられたのは、日本の生活文化と戦後の経済的復興の早さの秘密、それに自国を防衛する軍隊のないことであった。

私は、その都度少々説明したが、軍隊ではない〝自衛隊〟とはいかなる存在なのか、しつこく問われたが、言葉の関係もあって相手を納得させることはできなかった。

外国の人たちからすると、自衛用の軍隊のいない無防備な国で、しかも統合の象徴である国旗や国歌を重視しないのに、国として統合されており、その上治安がよくて経済大国でもある日本の現状が、理解できなかった。

日本は、国旗や国歌に忠誠を誓うよりも、天皇を統合の象徴として成り立っている珍しい国なのだが、大陸の戦争や内紛の多い多民族、多文化の国の人々には、なかなか理解しづらく、不思議な国としか思えないようであった。それ故に、魅力のある、一度は訪れてみたい国でもあった。

私は、世界各国を探訪しながら、日本が安定・継続するには、軍隊よりも、よりよい健全な社会の後継者が必要なことを痛感し、一九六七（昭和四二）年一一月以来、任意団体を発足させて、社会の後継者である青少年健全育成活動を始めた。

今日までその全国的な活動母体となったのは、一九七四（昭和四九）年一〇月に、文部省（現文部科学省）の認可団体として発足した、社団法人（現公益社団法人）青少年交友協会で、私は設立以来理事長を勤めてきた。当協会の活動を通じて私が主張してきたのは、異年齢集団による体験活動を通じて行う、野外文化教育であった。

当協会の機関誌「野外文化」の巻頭に、当時の社会状況に対応する、世界の中の日本における青少年教育に関する一文を、毎号掲載してきた。

二〇二二年の六月末にコロナ感染拡大や社会の諸事情により当協会の活動を停止することもあって、半世紀近くもの長い間にわたって二三三号まで、「野外文化」の巻頭に掲載してきた中から、日本を元気に復活させるに必要な内容の文章を選んで、「日本復活と青少年教育」のテーマで、一冊にまとめることにした。他には本著に先だって『人づくり意識革命』にまとめて出版している。

五五年の長い間に書き記したものだが、これからの日本が活力を増して、安定・継続するに必要な、青少年教育活動について、私が世界各国の生活文化を踏査して考察した、新しい教育観による教育人類学的な内容になっている。

長きにわたって世界の諸民族踏査と、青少年健全育成活動を続けてきた私からの提言・メッセージとして、後世の方々の目に触れ、よりよい国民を育成する青少年教育の重要性を感じてもらえれば、何かの参考になると思っている。

我らが祖国、日本の安定・継続に必要な青少年教育に関心のある方が、一読下されば幸いである。
尚、各項目の掲載誌や出版年月日については、巻末の一覧表をご覧いただきたい。

令和四年五月五日

第1章　日本国と日本人

1　不思議な国・日本の現状

（1）活力のなくなった日本

①平和ぼけで主体性が弱い

大東亜戦争や太平洋戦争などと呼ばれる戦争の後の日本は、経済活動や福利を第一に考え、国威の発揚や国が偉大であるよりも、個人の自由や幸福を目指してきた。しかも、自国の安全保障を武力よりも国際法や規則などに頼り、主体性の弱い国際化を目標ともした。

しかし、国家の自立のない国際化は成立し難く、個人の自由や幸福はものや金銭だけでは続かない。自由や幸福、平和な時代が半世紀以上も続いて世代が変われば、何が自由で、何が幸福なのか判断がつかなくなり、多くの人が平和ぼけして、不満や不安を感じるようになる。

今日の若者は、〝生きる力〟としての主体性や意欲、思考力、コミュニケーション能力などや、〝感じる心〟が弱いとされているが、平和で満たされた社会に生まれ育つ人間は、教育や訓練をされない限り、そうなるのはごく自然な成り行きである。

②生きる力を身につけない子どもたち

人間は生まれながらに文化を身につけた動物ではない。文化は、現代の子どもたちが生まれる以前からあるが、遺伝するものではないので、生後に見習うか、教えられない限り身につかない。

世界に例がない程、平和で豊かな、しかも個人の自由や権利・欲望などが満たされがちで、合理的・科学的文明社会である日本で、生まれ育っている子どもたちが、〝生きる力〟や〝感じる心〟、それに〝道徳心〟などが弱いとされるのは、大人の社会的義務と責任が果たされていないことである。

その大人が、豊かで活力ある科学的文明社会を安定・継続させるために、今、子どもたちに何を、どうしてやればよいのかを考えて、社会的に行動しない限り、子どもたちの多くは自ら文化を習得し、生きる力を身につけたよりよい社会人になろうとはしない。

③六〇パーセントに必要な教育

人類は長い歴史をもっているが、自然の状態ではよりよく生き、よりよい社会人になろうとする人は少ない。いつの時代にも約二〇パーセントの人々は、自主的に行動し、考えることができるが、大半の約六〇パーセントの人々は、誰かに教えられたり、導かれたりしない限り、よりよく生きようとはしないし、物事に納得することはできない。後の約二〇パーセントの人々は、何らかの形で誰かの保護や支援が必要なのである。

よりよい社会人を育成する教育のあり方は、古代から様々な形で続けられてきた社会人準備教育、現代的に表現すれば、〝青少年教育〟のことである。

オランダの歴史家〝ヨハン・ホイジンガ〟は、『ホモ・ルーデンス（遊ぶ人）』（中公文庫一九七三年）という、有名な著書の巻頭に、「遊びは文化より古い」と書いてある。

人類は、文化を身につける前から、子ども時代に誰かを見習って他と共に遊ぶことによって、社会人になる準備をし、生きるに必要な知恵、力を徐々に身につけてきた。しかし、よりよい社会人として人生を全うできるのは、約二〇パーセントでしかないので、いつの時代にも社会人準備教育で最も注意しなければならないのは、大半である約六〇パーセントの子どもたちの資質の向上を促すことである。

④日本を活気づける社会人準備教育

数万年の歴史をもつ人類の社会的遺産である文化を、次の世代に伝えるには、近代的な言葉や活字、視聴覚機器などによる方法だけでなく、文化以前からあったとされる〝遊び〟などを通して見習う、見覚える体験的学習活動、すなわち〝体験活動〟の機会と場が重要である。

人は生まれた後に、誰でもよりよい社会人になるための学習や教育される機会と場が与えられなければならない。本来は、社会人準備教育である見習い体験的学習活動の機会と場が、家庭や地域社会に日常的にあった。しかし、今ではそのような社会人育成としての教育機能はなくなっている。

それでは学校はどうかといえば、生きる力や感じる心、それに道徳心などは、生活現場に必要なものであって、教育や学問のためにあるのではないので、言葉や活字、視聴覚機器などによって教え、伝えられてもなかなか身につかないし、実践し難い。

今日の日本は、生活現場を知らない人が多く、活力が弱くなり、価値観が定まらない不透明な時代に突入している。社会が安定・継続して活力のある日本にするには、まず、よりよい元気な社会人を育成する社会人準備教育、すなわち青少年教育によるしかない。

（2） 世界一の統合国家・日本

①豊かな自然と信頼社会

南北に長い列島国日本は、世界でも珍しい程食糧資源の豊かな四季のある自然環境に恵まれている。そのため、日本人の特徴は、季節を追いかけ、征服するよりも、自然なる神の恵みを待ち、それを採って食べたり保存したり、加工する〝待ち〟と〝工夫〟の生活文化である。

古来の日本では、四季の特徴を利用したり応用したりして狩猟・採集・漁労・栽培農業をたくみに取り入れた社会生活を営んでいたので、少々人口が増加しても食糧が確保でき、海辺や川沿い、山裾などに定住して村社会を営むことができた。そして先祖代々知り合った仲間集団で、家族のような共同生活と信頼感による価値観や道徳心が培われ、協調・協力し合う信頼社会が成り立った。

②信頼と絆の社会的保障

日本人の生活文化は、基本的には生産力の豊かな自然を崇拝する価値観によって培われてきた。その共通の価値観が人を信頼し、助け合う絆となって、家族愛、郷土愛を促し、社会的な心の保証がなされていた。

ところが、今日の多くの日本人の価値観は欧米化し、すべてがものやお金中心である。しかも、労働はものを作り出すのではなく、金が金を産む〝マネーゲーム〟になっている。そして、暴れるマネーを制御する方法を知らない社会的危機に立たされ、不信感にさいなまれてもいる。

不信的階級社会である欧米の社長の年俸が一〇億や二〇億円であり、日本でも日産のゴーン社長やソニーのストリンガー会長の年俸が八億円以上だというのは、価値観が金やものによる金銭的報酬でしかないからだ。日本人社長の年俸が欧米と比べて低いというのは、統合された信頼的社会の価値観はお金やものだけではなく、信頼や協力・絆などの社会的報酬があるからだ。

社会が発展するための経済活動に金は大切だが、金もうけや工業化は手段であって、目的である社会の安定・継続には信頼や絆に勝る社会的保障はない。

③安全・安心な統合国家

世界の大半の国民国家は、多民族、多文化、多宗教の民主主義的議会政治で、今も国家の統合を第一目的としている。

ところが、世界の中では大変珍しい単一民族国家に近い日本は、戦後、米国式の多文化主義を取り入れたがすでに統合が成立していたし、やがて貧富の差が小さい安定した国民国家にもなった。

日本は、稲作文化を中心とする社会を営んできたが、米を保存し管理する司祭的役目を果たしてきたのが天皇家であり、天皇は、権力よりも権威的存在であった。

日本は鎌倉時代の古くから権威と権力の両立する社会で、権力は交代するが、権威の天皇家は今も継続し、稲作文化による安全・安心な統合国家は、天皇を中心としてきた。だから、政治と金による権力が強かろうが弱かろうが、日本国は千数百年も続いている。

日本の安全・安心は、外交や武力、経済力だけでは守れないし、国際化や地方分権によるものでもない。それは夫婦同姓の家族の絆をしっかり培った信頼社会による、権威を重んずる統合国家としての国民が、共通の生活文化をもつことによって保たれている。

④人材育成の文化的遺産

私たちが働くのは、単にお金やものを得るためだけではなく、よりよく、より長く、楽しく安心して生きるためであり、私たちが大変な犠牲を払う青少年教育は、よりよい社会の後継者である国民を育成して、社会の安定、継続を計るためだ。

日本に古くからあった家庭や地域社会の教育力は、信頼社会を維持、継続させるために大変大きな役目を果たしてきた文化的遺産であった。その上、明治時代になって近代的な学校教育が発達、充実して民度を高め、世界に例を見ない程、社会の発展に役立った。しかし、前の敗戦によって自信を失った日本の教育は、単に進学、進級、就職するための個人尊重で、社会の恒久資源（文化的遺産）であるよりよい国民としての人材育成にはなっていなかった。

半世紀以上もの間、右肩上がりの発展と豊かさを追い求めてきた今日の日本を、根幹から揺るがせているのは、よりよい国民としての人材不足による内部衰退である。

これからの経済活動はますます国際化、情報化するが、日本の大地で生きる日常生活は、なかなか国際化しない。私たち日本人は、世界一平和で豊かな、しかも長寿である統合国家に誇りと自信をもって、国民としてよりよく学び、働き、生きることに喜びをもつことが肝腎だ。

（3）日本国騒乱

①自衛（軍）隊が街に出た

平成二四年六月一二日午前一〇時、小銃にヘルメットという武装したレンジャー部隊が東京の市街地を行進した。レンジャーは少人数で敵地に潜入し、重要拠点の破壊や撹乱工作をする実戦部隊の精鋭隊員だ。街行く人々は、見慣れない光景に驚いたが、日本以外の国ではごく普通のこと。

人間には個人や集団のエゴがあり、共通の価値観なり道徳心がなかったなら、社会はいつ何時略奪や争乱が起こらないとも限らないので、常に抑止力が必要だ。

戦後の日本人はもう六五年以上も争乱や戦争は起こらないものだと思い、誰かが守ってくれるという、守られる立場に安住しているので、持続可能な社会に必要な守る意識が弱い。

日本の軍隊である自衛隊が街中を武装して行進することは、何も異常なことではないが、今は、日本国の社会状況が不安定になり、秩序が乱れかけているので、一層不安を感じさせる。

②個人化から始まる教育

日本の戦後のアメリカ的民主教育は、幼稚園や小学一年生から、いきなり自主性・主体性・積極性・個性を欲求し、当たり前としての常識も身につけないまま、自己中心の考え方を金科玉条のごとくしてきた。

そこには「社会のため」という、他を思いやる心や公共心は弱く、例え親、兄弟でも信じるな、信じられるのは自分だけという非社会的な不信感を増長させ、大義が弱い独善的・利己的にならざるを得ないようにする傾向が強かった。

子どもは、いつの時代にも大人に近づこうとしてまねをし、迷いながら成人し、自分たちの時代性を形成してゆくものだが、自信を失った戦後の大人は、物質的欲望が強く、社会規範を失って子どもたち以上に迷い、悩んでいたので、見習う目標になろうとせず、自分たちとは違った社会性・人間性を身につけさせようとした。そのため、戦後世代の昭和二二年から三八年頃までに小学校に入学した人たちはまだよいが、日本が豊かになりかけた三九年以後に小学校に入学した人たちは社会化されることが弱く、自由気ままに自己主張し、常識としての社会性や人間性を豊かにすることを知らされないまま、物質的欲望の強い利己的な人間に成長して社会に参画した。

そうした人々は、社会的規範や大義よりも利己的な欲望が強く、自由・平等・権利を主張することが日常化している。

③天皇なかりせば

平成二四年六月六日午後三時過ぎ、多臓器不全のため、三笠宮家の寛仁様が亡くなられた。皇位継承順位六番目で六六歳であった。

第一二五代の今上天皇（現上皇陛下）は、もう八〇歳を迎えている。昭和天皇が崩御されたと同じように、やがては亡くなられる。天皇という立場の人間が亡くなられるだけなら、皇太子が天皇を継承すればよいだけのことだが、「天皇」という統制機関が崩壊すれば、日本はたちまち争乱状態になるだろう。

現状の日本国は、大震災や原発問題、経済不況で人心は動揺し、党利党略に走る政治の混乱による統治権の弱退化、家族の絆や扶養義務の減少による孤立化や生活保護受給者（二一〇〇万人以上）の増加、利己的価値観による犯罪や自殺・無差別殺人の増加、金権主義による詐欺的行為や国際化・財政の破綻など、騒乱状態である。

それでもまだ日本国は、他の国では見られない統合の象徴、天皇の存在によって見かけは立派に存続している。

④騒乱的な社会現象

平成二四年六月六日、東京の日本武道館において、鳴り物入りでAKB48の「選抜総選挙」があった。なんのことかと尋ねてみると、タレント（芸能人）のアイドルグループ（人気者の集団）内での人気投票のことであった。たかがタレント、されどタレントのための大騒動。

なんでも候補者二三七人の中から、自分の好きなタレントが出場できるように、対象のCDを二六〇〇円で買うことによって投票権を得るのだそうだ。まさしく衆愚の購買力をマスコミがあおるトリック的なビジネスだ。それに多くの若者が虜になって熱中している。

熱中している日本人が多いのは何もタレントにだけでなく、サッカー、野球、ゴルフなどのビジネス・スポーツや、飲んだり食べたりするグルメ、それにまるでアニメ的少女気取りの可愛いファッションなどのトリック的ビジネスに操られ、平和ぼけした日本中にものと欲望の洪水が渦巻いている。

それこそ、ローマ時代の末期的現象の〝パンとサーカス〟ではないが、社会生活に目標をもつことのできない、主体的な判断力をもたない、人を楽しませるゲームに魅せられて刹那的になり、お金さえあれば何でもできると思う人が多くなり、共同体的な社会意識の弱い人が多くなった日本は、統制力を欠いて、軍隊が街を行進せざるを得ないような騒乱的な社会現象だ。

そのことに気づけば常識ある社会人なら、社会のよりよい後継者の育成である、社会人準備教育に努力・工夫せざるを得ないだろう。

（4）島国ではなくなった日本

今日の日本は、すでに海上に浮いた島国ではなく、地球的規模でどこにでも通じる大陸の中の一国と化している。そのことを意識せずして国際化社会の理解は困難である。

①日本の立地条件

日本ほど自然の恵みが豊かな地域は、地球上をくまなく歩いてもそれほど多くはない。南北に長い列島国日本は、海岸線が長く、山と海の幸を利用しやすい地域が多い。なにより、自然環境が農耕に適しているので、子々孫々にいたるまで定住して村を営むことが可能であった。

大陸に住む人々の多くは、自然を追いかけ、自然と闘いながら生活する場合が多いが、日本に住む人々は、自ら移動しなくても気象変化や海流によって自然環境が変化する四季が訪れるので、少々辛くても待っていれば恵みがあることを信じる生活文化を培ってきた。

日本は周囲が海であるが故に、他民族の大規模な侵入が容易ではなかった。過去におけるいかなる移入者も、日本の自然環境に順応し、先住の民の生活文化を大きく変化させることはなかった。

日本人は他民族の侵略によって大きな文化的変化、すなわち被支配的な社会状況を知らないまま今世紀まで稲作農耕文化を崇拝してきた。多分、このような民族的・文化的に変化の少ない国は他に例がないであろう。ということは、人々が平和に安心して暮らすに必要な自然的、社会的条件に恵まれていたわけである。

②吸収型文化の伝統

有史以来、日本列島に移入した人々は、恵まれた立地条件によって、独自の文化を形成する必要性は弱かった。大陸では他民族との戦いが多く、社会存続の条件が厳しいので、自分たちの社会の継続に大変な努力と工夫と犠牲を払い、特徴のある自発的文化をもつ必要があった。しかし、日本列島のような立地条件に住みついた人々は、温和で防衛意識が弱く、自然と共にのんびり暮らしていたのにちがいない。そのため、他からの移入者のもたらす文化的刺激に喜び、文明の利器に驚いて模倣し、たえず外部からの影響によって変化する吸収型文化の社会性が普及した。

日本列島には南の方からまず稲作文化が伝わり、朝鮮半島から仏教文化、中国大陸から漢字文化や麦作文化、その他いろいろな文化・文明が次々に伝わってきた。人々は、それを吸収して日本列島にふさわしい文化に仕上げ、大陸の人々のように簡単に捨て去ることをせず、いつまでも残して改善し、日本独自の複合文化を形成する風習になじんだ。そのため、独自性は弱いが、他の文化や文明に大変寛容で進取的である。

明治維新以来、東洋の複合文化を形成した日本列島に、西洋文化・文明が洪水のごとく流入されたが、日本人はたいして抵抗することなく受け入れた。貪欲なほどに西欧のすべてを吸収した日本は、他のアジア諸国には見られない発展と近代化をなしとげた。

長い日本の歴史の中で、たえず他を見習う進取的な風習は、発展的な吸収型文化を形成する要因となり、工夫と努力の価値観を大衆文化とすることができた。その社会的価値観が、西欧に追いつけ追いこせの富国強兵という、有史以来初めての自発的な行為となり、日本列島の外に向かって爆発することになる。

③初めての民族戦争と敗戦

人類の文化・文明は戦いの成果といっても過言でないほど、戦争は有史以来続いている。大陸に住む人々は、安心して住める大地と信頼できる社会を切望するのだが、今も楽園に住める人々は少ない。彼らは、戦いのために文化を創り、文明を発展させ、他民族との戦いに慣れているので、自分たちの過去を否定するようなことはせず、外交的に有利な条件で、どのような終戦にするかをよく知っているし、交渉が大変上手である。大陸では自分たちを否定すれば、社会の存続ができなくなる。

日本は今世紀になって、朝鮮半島以外の他民族の主権を侵す行為と、他民族の侵入を許す民族戦争を初めて体験した。長い間の吸収型文化の蓄積が欧米文化の刺激を受けて、ついに自発的・発散型文化へと変化し、国家主義の拡大へと走った。

初めての民族戦争は、外交のための戦いではなく、純粋培養的感情の発散と、主権拡大の盲信によるもので、国民の基本的総意は得られていなかった。結果的にはアメリカの物量作戦に惨敗した。それは外交的な敗戦ではなく、民族戦争の経験のない人たちにとって、民族の基本的理念をも否定しかねない懺悔的な敗北であった。

かつて、民族としての基本的理念を意識することの必要性もなかった日本人は、日本独自の自発的文化を形成する努力や犠牲が少なかったので、基本的な民族的自信をもち合わせていなかったと思われる。そのため、一度の敗戦によって、一時的にではあるが日本の過去が否定されがちで、社会的責任と義務すら忘れがちになった人々が多かった。そして、伝統的な吸収型文化の習性が再び強く芽生え、戦勝国アメリカのすべてを模倣し、アメリカ化に抵抗することも少なかった。敗戦以来、日本がアメリカ合衆国日本州になるかのごとく振る舞い、三〇年もしないうちにアメリカ型日本国家が形成された。日本の伝統である外来文化を気軽く取り入れる風習は、二〇世紀後半に自由と繁栄の理想の花を咲かせ、その香りを今や全世界に漂わせている。

④大陸的国際化の中での知恵

自然的立地条件は今も昔と変わりないが、近代諸文明の利器によって、日本列島はすでに島国ではなく、地球を包む空間を通じて、物理的には世界中どこにでも続いている。その証明として、日本にはあらゆる地方からの人や物、文字、電波の侵入があり、すでに明確な国境がなくなっている。今、私たちは、多民族、多宗教、多文化社会の中に暮らしている。これこそ二一世紀的国際化の見本である。

これまでの日本は、自然発生的な国家で、単一文化、単一民族的な傾向が強く、社会的な団結力があり、活力や向上心があった。かつては両親が民族的日本人で、日本で生まれ育った子どもは自然に社会的日本人になっていた。しかし、これからの国際化した日本では、社会的日本人を育成するために大変な努力と工夫を必要とする。

大陸の中の人々は、自分たちの社会の後継者をつくるため大変な努力を有史以来続けてきた。さもなければ、民族社会は維持できなかったのである。高度な文明社会に発展した日本は、文明の利器によって宇宙空間の国際的国家となり、すでに複合文化の多民族社会になっている。この社会を継続させていくためには、大陸の多民族国家の人々が努力したと同じように、後継者づくりに大変な努力と犠牲を払わねばならない。その一つとして、青少年が野外文化活動などを通じて社会を営むに必要な知恵を培い、生活文化を体験的に共有する機会と場をつくることである。今後は列島国であった時代の認識を改め、人文科学的に社会人を意識しなければ、社会が安定・継続するのに必要な後継者は育たない。その後継者づくりの知恵こそ、二一世紀の社会にとって大変重要な課題である。

（5）日本的家族の崩壊

①アラブの家と日本の家

平成一三年一月二五日から一七日間、アラビア半島のサウジアラビアとイエメンの子どもたちの遊びを踏査し、要塞化した町と家を見た。

乾燥した砂漠に生きるアラブ人にとって、物事に対する静観と受動とは滅亡を意味し、生きることは自然を征服し、他部族を征服して統一することであったそうだ。そのため、常に戦闘的態勢が必要で、アラビア半島の石や土で作られた家は集団化し、要塞と化している。彼らは、一族が身を守るために共同生活をしているので同族意識が強い。

日本の大半は温帯であるが、寒帯的な冬と熱帯的な夏があるので、人々は自然に敵対するよりも順応して生きる忍従性が強い。湿気が多く変化の激しい豊かな自然に順応して、稲を栽培して定住する日本人の家は、木や竹と土と紙で作られ、大変開放的である。一戸建ての独立家屋が集落をなした村や町でも、家族単位で生活していたので、一体化していないし、壁による囲いもなく無防備であった。

②家の〝うち〟と〝そと〟

孤立した日本の家の玄関には錠があり土間があるので、出入りするときに履き物をぬいだり履いたりする。私たち日本人は、家の内と外を世界で最も強く区別している。

そして、家を〝うち〟とも呼び、うちにおいては個人の区別はなく、家族として一体化していた。そのため同じ家に住む人を〝うちの人〟と呼び、隔てなき間柄とした。ところが、家の外に住む人を「そと（よそ）の人」すなわち隔てある人々・世間として、共通性を重要視はしなかった。しかし、家を中心とする家族単位の社会であったので、うちの人は家、家族の体面を汚さないため世間と合わせることに気を遣った。

要塞化して部族単位で暮らすアラブ諸国やヨーロッパには、日本のような家の〝うち〟〝そと〟の区別はない。石やレンガや土で作られた厚い壁の家の内部は個々独立し、各部屋に錠があって隔てられている。だから、鍵をもつ人のみが土足で出入りするので、同じ家の住人としての一体感はない。個人の心の内と外や部屋の内外、家屋の内外、それに街を囲む壁の内外のように個人や共同体の〝うち〟と〝そと〟の区別がはっきりしているので、利己的ではあるが、集団の掟や規則が強い部族単位の社会である。

③日本的家族の特徴

アラブ諸国やヨーロッパの厚い壁のあるマンション的な家に住む人には、錠のある部屋から出ることは、日本人が家の玄関から外に出ることとほぼ同じ意味をもつが、生活共同体の外ではない。彼らにとっては、家の内の食堂も街中のレストランや映画館、公園なども共同生活の場で、日本人にとっての家庭内の食堂や応接間のようなものである。彼らにとっての外は、共同体を囲む壁の外のことで、いろいろな人が雑多に住む街は内なのである。

だから、彼らは部屋と城壁の間にある家はあまり重要ではなく、他と隔てのある街で個人的だが、楽しく社交的に生活する習慣を身につけている。

ところが、日本の家の各部屋は襖や障子で仕切られているだけであったので、家の内に住む人は一心同体の家族であり、家の中では裸でいようがステテコ一枚でいようがお構いなしとして、茶の間の団欒がもたれた。

かつて日本の〝家〟は家族を意味し、家長によって代表されたが、その家長も家名のためには犠牲になった。だから、家に属する人は親子、夫婦、兄弟姉妹の間柄だけではなく、先祖（祖霊）と子孫のかかわりが強かった。そして、親子の絆が強く、親のため、子のため、家族のための犠牲は、当人にとっては最も高い意義とみなされ、個人ではなく家族が社会の最小単位であった。

④孤立化する日本人

〝勇気の貴さは、家族のために自己を空しくするところにある〟とも思われていた日本的家族の絆が、工業化による経済的発展によって稲作農業の衰退と共に崩壊した。

家の構造が家族の間柄にも反映するといわれているが、今日の日本の家は、アラブ諸国や欧米と同じようにマンションが多くなり、厚い壁や扉で部屋が仕切られ、錠までついて孤立化している。そして、市場経済中心の社会は、人間を個人の労働者や消費者とみなし、家族は個人の結合とみなしているので、人々は否応なく利己的になりがちである。

今日、日本の多くの人々が、働くことの社会的意義を失い、金銭的価値観を身につけ、家族の意義すら知らないままになっている。

アラブ諸国や欧米の人々は、今も伝統的な共同体の規則を承知し、内と外の区別をしっかりもっている。ところが、伝統的な家族の絆と世間を失った日本人は、共同体の内と外の概念や規則の重要性の意識が弱く、国際化の美名の下に自由と利己主義を謳歌しているが、寄って立つところを失って、男女参画の中性化社会の中で、不安と不満の渦に呑まれてますます孤立化している。

和辻哲郎著「風土」（一九七九、岩波文庫）を参考

（6）自殺率が世界一高い日本

①孤独な人が多い日本

人間が自殺する最も大きな要因は孤独である。孤独は不安や不信、失望感などをかりたて、生きる意欲や存在感を失わせる。

心身ともに弱い人間は、集団をなして社会生活を営むが、その最小単位が家族である。

本来の日本は、利他的な信頼社会で、家族の絆が強く、助け合い精神や忍耐力があり、我慢強い人が多かったが、この半世紀の間に大きく変化した。

今日の日本では人々の社会意識が弱く、国際化がどんどん進み、家族の存在価値がどんどん薄らぎ、金銭的価値観による格差が生じ、貧困率が高くなっている。

そのせいか、世界で最も高い率で、平成二一年には年間三万人以上もの自殺者がいる。それは信頼社会が衰退し、家族が崩壊して、安全、安心がもてず、心の拠り所をなくした利己的で孤独な人が多くなった証でもある。

②家族の崩壊

一般的な家族とは、同じ家に住む夫婦、親子、兄弟姉妹など、近い血縁の人々のことである。

私たち日本人は、家の内と外を区別し、家を〝うち〟とも呼び、各部屋が襖や障子で仕切られているだけのうちにおいては、個人の区別はなく、家族として一体化した存在であった。そのため、同じ家に住む人を〝うちの人〟と呼び、絆の強い隔てなき間柄としていた。

このような家族意識から、親子の絆が強く、親のため、子のため、家族のための犠牲は、当人にとっては最も高い意義とみなされていた。

ところが、戦後はアメリカナイズされて、家族の絆が、工業化による経済的発展とともに衰退した。

今日の日本の家は欧米化し、厚い壁や扉で部屋が仕切られ、鍵までついて孤立化している。そして、市場経済中心の社会は、人間を個人の労働者や消費者とみなし、家族は個人の結合と化し、人々は否応なく利己的になって、日本の絆の強い家族的あり方は崩壊した。

③社会的目標のない教育

社会で最も重要なのが人である。本来、利己的な動物である人は生後の模倣と教育によって、社会性や人間性の豊かな社会人になる。その内容の程度は別にして、文化的社会人になれないと、利己的で孤独になりがちである。

人は人とのかかわりによって育てられるのだが、公教育の社会的目標は、言葉、風習、道徳心、信頼、生活様式など、共通の生活文化を身につけたよりよい社会人の育成である。

しかし、この半世紀以上もの間、日本の教育は、個人の能力を開発し、受験用の学力向上中心に行われ、社会的目標がはっきりしていなかった。

その結果、社会人になれない、なろうとしない、自分勝手な人が多くなり、社会を守る立場に必要な規則、競争、義務をいやがり、守られる立場の自由、平等、権利を主張しがちである。今では社会意識が弱く、自信をもてない孤独な人が多く、大義が弱くて犯罪が多発するようになった。

④犬猫豚までも家族

この頃の日本のテレビコマーシャルでは、犬が父親になって日本語を話している。それどころか、某新聞紙上では、ペットの犬猫豚までも〝家族〟ではなく〝かぞくの肖像〟として紹介されている。

日本の家族が崩壊し、日本人社会が衰退しているので、犬猫豚などによって心が癒され、励まされ、助け合いがなされるというのだろうか。日本の父親がだらしないので、雄犬に代役をさせているのだろうか。

アメリカは、移民による多民族、多文化、多宗教の国で、まだ国家的に統合されていない不安定な不信社会であり、孤独な人が多く、公的にはどの民族にも、どの文化にも、どの宗教にもかたよってはいけない。だから、ものや動物、それに自然現象までも擬人化して、テレビコマーシャルや番組その他に利用しがちであり、ペットを家族化しがちである。

しかし、日本は、世界で最も安定した統合国家であり、単一民族に近いので、社会的目標のある青少年教育によって、人間同士が信頼し合い、家族が絆を深めれば、アメリカのようにものや動物を擬人化する必要はない。

（7）日本国の再認識

人類の発展を促す方法の一つとして、日本人は驕《おご》ることなく、世界の異文化としての日本社会を更に充実し、発展させる努力と工夫を続けることが望まれる。

①自然と文化の特徴

いかなる民族も、自然と共に生きているのだが、日本人に最も大きな文化的影響を及ぼしたのは、正確に繰り返す四季のある自然現象である。

『季節は巡り、時刻は流れる』

季節は自然である。季節はほぼ同じサイクルで巡り来る。巡り来る季節は神の恵みである。時刻は文化である。時刻は永遠に同じ早さで流れ続ける。流れる時刻は生物の生命でもある。流れる時刻は、全人類が平等に与えられているが、巡り来る季節は地球上の場所によって不平等である。

乾燥しがちな厳しい自然環境で家畜と共に暮らす人々は、草のある季節を追って移動生活をするが、季節が多くのものを恵んでくれる豊かな自然環境の日本では、少々辛くてもじっと待つ定住生活をしてきた。しかも、日本の季節は複雑に変化するので、繊細な心配りの知恵をも授けてくれた。日本人が意識する、しないにかかわらず、日本人の特徴はものを追いかける開拓精神よりも、自然と共に生きる〝待ち〟と〝工夫〟の文化であった。だから、ものを発見したり、発明したりするのは得意ではなく、自然環境の厳しいところで孤立して生きるよりも、集団的な生活を好み、社会人の心得を大切にし、ものを利用したり、応用したりすることが得意であった。

季節の巡り来るのをじっと待った定住社会は、先祖代々知り合った集団で、家族のような信頼感と道徳心によって成り立っていた。そして、更にこの自然の特徴を工夫して、美術、工芸や文学、思想の世界にまで応用、利用した。しかも、たえず改革改善を加えながら伝承し、今日の姿にまで到達させた努力と工夫は、社会教育充実の証明である。確かに、産業革命による生産手段のための知識教育が遅れはしていたが、より高度な文化的社会を営む社会人準備教育が遅れていたのではなかった。

②変わることと変わらないこと

時刻の流れは正確なので、やがて二一世紀がやってくる期待と不安がどうしても高まってくる。そして、更に、科学技術が急速に進歩するので、誰もが一層不安になり、なんだかあらゆることが変わるような錯覚に陥りがちになる。しかし、すべてが変わることは決してない。社会の表層的な多くのことが変わっても、基層的なことの多くはなかなか変わらないものである。

今、大事なことは、二一世紀に向かって変わらないこと、変えてはいけないこと、変わるだろうこと、変えなければならないことの選別や確認をすることである。

いつの時代も変わりないのは、ものの道理を知る知恵としての心得であり、時の流れと社会情勢によって変わるのは、知恵のなさを補う道具と、その扱い方なのである。

文明社会の表層的諸現象は変わるであろうし、変えなくてはならないこともあるが、自然の一部である人間の本質は、二千年前と比べ、それほど変わってはいない。しかし、保身のための文明器具の発明によって、より快適に生活できるようになり、自然の変化に順応する能力は衰退している。文明化が進めば進むほど、順応力は低下しやすくなりがちなので、自然と共に生きる基本的能力ともいえる健康管理に支障をきたし、人間らしく生きることができなくなる可能性もある。だから、幼少年時代に基本的能力を培う機会と場をもつことが大事なのである。

これからの日本が国際社会となり、多くの異民族が移住したり、日本人の多くが海外に移住したりすることになったとしても、日本列島の自然は変化しない。文化が自然環境に順応して生きる知恵なら、日本列島に生きる人間の基本的な文化は二一世紀になっても大きく変化はしない。もし変化させようとするなら、大変な労力と犠牲を払わなければならないし、結果的には自然のしっぺ返しをくって、人間そのものに異常をきたすことになる。

③国際化の中で

日本は地理的には列島国であるが、科学的にはすでに大陸の中のオアシス都市と同じように、世界中に通じている。しかし、発想の原点に、何故か今もまだ島国的な傾向があるのか、〝国際〟という言葉を好んで使うし、そうなって欲しいという願望が強い。そのせいか、四、五年前までは〝国際的〟という言葉がよく使われていた。それがいつ変わったのか定かではないが、この頃は〝国際化〟という言葉になった。

日本人以外の人々がいう〝国際的〟というのは、自国の貿易や平和、安全、繁栄などのために他国と話し合うことである。ところが、日本人の多くは、国籍、または国境を意識せず、外国語が話せ、仕事であれ、遊びであれ、外国によく行き、知人や友人がいる人のことを国際的と表現する。おかしなことに、その人が、外国に対し日本をどれだけ紹介したのかについてはあまり関心を示さない。

ヨーロッパやアメリカ諸国に限らず、アジアやアフリカでも、多くの人々が外国で働いている。中には学問のためや芸術のためもあるが、個人的な生活手段としての外国生活者を、よい意味で国際的とは表現しない。

それでは国際化とはいかようなものであろうか。それは多分、二国間以上に共通することという意味で使われている言葉である。特に、経済的な面と、科学の先端技術的な面でいわれていることでもある。

しかし、今日の日本では、これを教育や文化、社会性や道徳心にまで適応しかけているような気がする。なんでもかんでも、他国に合わせようとする傾向が国際化と思われがちである。だから、国際化のためには、区別があってはならないし、国家なるものも必要ないとでもいわぬばかりに、経済的、外交的に八方に頭を下げ、波風を立てぬよう努力している。

二つ以上の国が話し合ったり、行動を共にしたりすることが国際的であるなら、二つ以上の国が共通または共有することが国際化ともいえるが、ここで重要なのは、何をしてはいけないかをはっきりさせておくことだろう。そして、自分たちの社会・国の確立がない限り、国際的も国際化も絵に描いた餅になりかねない。

④異文化日本の役目

日本以外での国際的というのは、自分の国にある文化、文明または、人が、他国にいかに役立ち、いかに影響したかであって、他国の模倣をすることではない。すなわち、独自性がどこまで普遍的に認められるかということである。

これからの日本は、他に見習うことはもうこれ以上できないし、無責任な経済活動は許されないので、ますます国際化という言葉が使われるようになる。しかし、世界は一つの文化、一つの方法、一つの色に画一化されることはない。お互いに異なった文化の特色があるところに工夫と発展と努力がある。日本は、欧米とはかなり異質な文化を根底にもっている。そのことが、欧米のあらゆることを刺激し、二一世紀への新しい波が起こり始め、日本が名実ともに初めて国際的になりつつある。

ところが、今、日本人はそのことに気づいていないかのように、経済的社会や情報化のための国際化という名のもとに、多くの社会形態や文化を欧米化しようとしている。確かに、経済的社会や先端技術の面では一時的に好ましいこともあるだろうが、人類の未来を考えるならば、日本は欧米との異質を主張しながら、人類の平和と繁栄と発展に貢献すべきである。

有史以来日本文化を培ってきた日本人が、欧米の文化、文明を吸収して盲信した時代、反発した時代、そして蜜月の時代を通過して、今、やっと世界に例のない大輪の花を咲かせかけている。

今こそ、この花を咲かせた日本の社会的、教育的、文化的特質を再認識すべきである。そのことをせず、経済的手段としての国際化を進めるならば、必ずや社会の内部衰退によって行き詰まる。そのことを日本人自らが自覚しない限り、人類の発展に寄与することは少なく、また多くの民族に理解されることはない。

私たちにとって、今のパンも大事だが、未来の人類の繁栄と発展、そして平和も大事なのだ。

人類の発展を促す方法の一つとして、日本人は驕ることなく、世界の異文化としての日本社会を更に充実させ、発展させる努力と工夫を続けることが望まれる。今日のような自由と平和と繁栄が続く限り、世界の学者や知識者が日本を調査研究し、宣伝しなくても国際的社会日本が誕生する。

（8）「日本」という土俵の上で

①個人性重視の教育

憲法や教育基本法が半世紀以上も棚上げされていたが、今やっと改革、改善の論議が活発になってきた。しかし、その内容が、主義、思想、宗教、政党によって勝手に解釈されるので、「日本」としての共通性が感じられない。

憲法が施行された戦後間もない昭和二二年は、アメリカを中心とする連合国の植民地であり、社会の治安と食べることが最優先された。そして、日本人の社会的共通性や伝統文化などは、二の次、三の次であった。しかし、その後も、被植民地時代と同じ法律の下で、〝食える社会をつくるために〟の理念でがむしゃらに働き、自主独立の気概をなくした。

我々日本人は、社会の安定・継続に必要な社会遺産としての生活文化を、半世紀もの長い間無視し、個性と個人性を取り違えた、個人性重視の教育を続けてきたので、自分のよって立つ国としての社会意識、大義が弱い。そのため、社会人にとって当たり前の〝国を愛する心〟についてまで、国会で議論されるような羽目になった。

②私利私欲の社会

日本各地で、各人の見解によって教育問題が討議され、巷の財界では、市場原理による拝金主義が罷《まか》り通っている。

「カネもうけをしてどこが悪い」「カネで買えないものはない」「法律さえ犯していなければ、何をしてもよいだろう」

カネもうけしても悪いことはないのだが、道徳心が必要である。

戦後のアメリカ民主主義教育を受けてきた日本人には利己主義者が多いが、彼らには、〝世間〟と呼ばれてきた、社会的善としての〝道徳心〟が十分に認識されていない。だから形式的な人類愛、国際主義者ではあるが、日本の日常生活に必要な、隣人愛や祖国愛としての具体的な社会意識に欠ける。

そのため、社会の安定・継続・繁栄に最も重要な、人づくりの手段としての教育を目的化し、市場経済原理による拝金主義の教育産業にすり替えて、私利私欲を謳歌する社会になり下った。それ故に、欧米諸国と同じように、スポーツを職業化したり産業化したりしていながら、公的賭博の対象とし、青少年教育の資金をつくるためなどと主張している。

③社会遺産としての道徳心

人類の歴史は数百万年と古いが、記録のある有史としては、まだ数万年、確かなことは一万五、六千年だといわれている。

我々人類は、有史以来、生きのびるための戦いを、個人的にも集団的にも幾度となく繰り返してきた。この地球上に、戦いの歴史をもたない民族は存在しない。

戦いは、対人だけではなく、対自然の場合が多い。いずれにせよ、あらゆる戦いによって、よりよい文化と文明を作り出して、よりよく生きるための努力と工夫をし、社会の後継者である青少年の育成・社会人準備教育に尽力してきた。その結果が今日の人類であり、日本人である。

我々日本人の祖先が、日本列島の自然環境に順応するために作り出してきた、衣食住、言葉、道徳心、風習などの生活文化は、数千年の歴史によって培われ、今日まで伝承され続けてきた社会遺産である。

科学技術の発展した豊かな社会に住む今日の日本人は、自然環境とのかかわりが弱く、合理的、機械的、市場経済的、金権的な生活に埋没し、先祖からの社会遺産に無関心な人が多い。そして、社会人が生きるに必要な手段をカネもうけのために目的化し、社会遺産としての道徳心や食文化などを次の世代へ伝える義務と責任を感じていない。

④同じ土俵に上ろう

今や日本の大相撲界は、世界中から力士が集まって国際色豊かであるが、伝統的な日本の土俵で相撲が行われている。それは、異文化育ちの外国人でも、相撲界の伝統や規則がしっかり伝えられており、同じ条件で同じ土俵に上って取り組みがなされているからである。

人間は、本来利己的な動物であるが、一人では生きられないので、他と共に生きるのに必要な理性が発達している。

二人以上が共に生きる社会には、暗黙の了解事項である文化としての信頼や応用力が必要である。日本人社会に共通する文化としての道徳心を身につけていないと、お互いに同じ土俵に上って相撲を取ることはできない。

法律は、時の権力が制定した規則であるが、道徳心は、先祖からの贈り物としての社会遺産である。社会の安定・継続にとっては、社会的善としての道徳心が、法的善としての規則に勝るとも劣らない力をもっている。

日本のいかなる政党や主義、思想、宗教団体の人々でも、日本の憲法や教育基本法、社会保障、市場経済活動、カネもうけなどについて話し合うには、まず日本人に共通する道徳心によって、同じ土俵に上らなければ、いくら時間をかけてもなかなかまとまらないし、わかり合えない。

地球広しといえども、日本の大地に住む日本人には、日本国の安定した力なくしては、平和も安心も社会的保障もない。

（9）日本の必要条件

我々は、これから社会の後継者づくりに努力し、内部の充実と発展を促してしっかりと大地に根をはり、この繁栄と平和の恩恵を地球上の人々と共に、より長く分かち合えるように最善を尽くさねばならない。

①繁栄の条件

定住した稲作農耕文化を基本としてきた日本は、今、人類史上に例がないほど豊かで平和な社会のまっただ中にある。

米作りに周期的栄養法というのがある。それは、稲が苗のときには加里を主として根を養い、生長期には窒素を主として茎や葉を養い、成熟期には燐を主として花を養うという、独立栄養体の植物の理にかなった施肥方法のことである。

日本を稲にたとえれば、明治維新までが苗であり、日米の経済摩擦が問題化する一九八〇年頃までが生長期であり、その後は、成熟期を迎え、見本のない世界を二一世紀へと向かっている。

生長期には勢いが強く、とかく予期しない問題が多発し、艱難辛苦を経て玉をみがくものだが、日本は苗の時代に根をしっかり養っていたせいか、挫けることなく生長し続け、前例のない立派な稲に育った。そして今、盛んに花を咲かせ、大きな稲穂をつけている。これを収穫するのはこれからの日本人であり、世界の多くの人々でなければならない。

日本がこのように発展したのはどのような理由からだろうか。私は、この二十数年来多くの国を訪れ、いろいろなことを見聞したが、この日本の繁栄の基礎は、明治時代以前の苗の時代に培われた根である社会の基本的理念がしっかりしていたからだと思う。それは日本人に、信頼性の高い統一社会を築かせ、社会を営むために努力と工夫と忍耐力の強い、高度な精神文化を培わせたことによるのだろう。

この稲の苗が、生長期前半に高等な知識と技術を中心とする学問を庶民レベルにまで徹底的に普及させ、逞しく育つ。そして生長期の後半である戦後は、平和という人類にとって大変困難な事業を曲がりなりにも遂行し、大変合理的に生長してきた。

世界の多くの国家は、多民族多文化による内部闘争から社会的不安が続き、無知な大衆と厳しい自然環境下に繁栄の道が遅々として進み難い。気がついていない人が多いが、日本の繁栄の必要条件は、他の国々よりも苗の時代から社会的にはかなり満たされていた。

②日本への関心

今日の日本人は、平均的には世界のどの国民よりも平和で豊かな日常生活を営んでいる。これほどの繁栄と平和と自由を体験した民族は、これまでに例がない。日本人がそのことに気づく前に、世界の多くの知識者は日本への関心を高めていた。しかし、彼らの多くは、日本の苗の時代に培った根にではなく、生長期や成熟期の枝や葉や穂に関心があった。日本の繁栄が予想以上に巨大化し、西洋の麦と東洋の稲の根本的な違いがはっきりしてくると、日本の社会的、歴史的、自然的な諸現象に探求心を強め、二一世紀に向かっての日本研究にまでなっている。

古代から人類史上にいろいろな民族の文明が栄えた。その度に周辺民族の知識者たちがその繁栄を調査研究し、それを見習おうとした。そして繁栄に溺れた民族は、やがて社会の内部衰退へと向かうのが常であった。

これまでの諸文明は、現在の日本ほど高度なものではなく、平和的なものでもなかった。今、世界の人々の日本への関心は、平和で豊かな文明社会に対してなのである。もし、この平和と繁栄が長続きしなければ、世界の多くの人々は、日本文明を評価することなく、やはり東洋の稲よりも西洋の麦の方に価値があるとするだろう。我々がこれからしなければならないことは、日本人が育ててきた稲の豊かな穂が、本物であることの証明である。

③社会の基本的観念

日本は苗の時代に中国の漢字文化を、生長時代には欧米の近代科学と合理主義を模倣してきた。しかし、自然環境が異なるので、長い間に日本式に消化され、独特な社会性や文化を培ってきた。

日本人社会の基本的理念は、同類的な画一化社会を好み、信頼と協力を重視する定住生活であり、精神世界は精霊信仰による八百万の神を創造し、忍従の自己犠牲を美とする道徳心が規範となっていた。

明治維新以後の生長期はこのような非科学的な非合理主義と、近代的西欧の知識による科学技術や合理主義が混然としていたのだが、第二次世界大戦後の生長期の後半は、アメリカ文明と近代科学万能主義になり、日本文化をないがしろにする傾向が強かった。何よりも、近代的欧米の知性に照らしての価値観でしかなかったので、日本文化は日本社会の衰退と同じような現象である。

生長期の日本の価値観の多くが、欧米の知性によっていたが、成熟期のこれからの日本は欧米とは異なった独自性のある基本的観念をもっていなければ、他の国々に刺激を与え、関心を高めさせることはできない。

④すべては人がなすこと

日本が世界の指導的な立場にありながら、日本人の多くは、まだ模倣すべき社会を求めている。そして、時代の要請として叫ばれている国際性の実現を、外国のどこかに見習うこととしている。日本は苗の時代から見習う国をもっていたので、一種のすり込み現象的な錯覚が、成熟期に達した今も強い。だから、日本人の国際性とは見習うことであって、内部充実を促し、他民族にそれを理解してもらうことではない。

国際化にとって、他民族の文化や価値観を認め合い、尊重し合うのが大切であることは、多くの人の知るところである。人類史に例がないほどの繁栄と平和のまっただ中にあって、全世界の知識人が注目している日本の文化や価値観、すなわち哲学がより多くの民族から認められ、尊重されることこそ日本の国際化の実現である。

日本人はそのことを知らぬげに、まだ多くの人が欧米の合理主義的知性に溺れ、日本文化の価値や哲学を評価しないままでいる。このままでは、近い将来に社会の内部衰退がやってくる。ということは、科学万能主義、合理主義で沢山の花をつけさせようとしたため、しっかりしていたはずの根の機能が、思ったより早く衰えかけているということである。

社会現象のすべては、人がなすものである。この豊かさと平和は、千数百年の歴史に培われた日本人の知恵と哲学によるものである。豊かな社会をつくることも重要だが、それを支え、伝承してくれる素晴らしい後継者づくりも更に重要である。

我々は、これから社会の後継者づくりに努力し、内部の充実と発展を促して、しっかりと大地に根をはり、この繁栄と平和の恩恵を地球上の人々と共に、より長く分かち合えるように最善を尽くす必要性の高いことを認識せねばならない。

（10）現代日本の怪物“ぎまん”

怪物とは正体不明のもの、化け物のことである。昔、平安時代に京都の夜空に出没したといわれる怪物〝ぬえ〟は、人間の恐怖心を吸い込んでエネルギーにしたといわれている。しかし、今日の砂漠化した日本人社会に棲む怪物〝ぎまん〟は、人間の邪心を吸い込んでエネルギーとするのである。

〝ぎまん〟は、主に家の屋根裏や床下に棲んでいたが、今では、巨大なビルの中にも棲んでいる。時には森や公園、庭の木や人の心の中にも棲みつく。自由自在に飛ぶことができ、暗いところや夜を好むが、邪心をもつ人がいれば、白昼にも活動する。しかし、正義にはいたって弱い怪物である。古代から人間と共に生きてきたのだが、道徳心や信頼感の強さによって蔓延したり、巨大化したりすることが防がれてきた。

豊かな科学的文明社会日本では、〝ぬえ〟はすでに絶滅しかけているが、〝ぎまん〟は繁栄と共に、増えてきた。特に、バブル全盛時代には数が多くなり、しかも巨大化した。当時の日本人は、発展のためには少々の邪悪をも容認し、浪費を美徳とさえして、利己主義的享楽文明社会を謳歌した。そのため、〝ぎまん〟がどのくらい蔓延しているのか判明し得なかった。

やがて、金権主義のマネーゲームに陰りが生じ、人々が社会的意義や目標を失ってくると、〝ぎまん〟による犠牲者の多くが助けを求めて声を発するようになった。そして、やっと、道徳心や信頼の心が必要なことを多くの人々が再認識し始めた。

その矢先、和歌山のカレー毒物混入事件が起こった。この辺りでは十数年も前から度々薬物中毒らしき患者が出ていたが、保健所も、病院も、警察も、マスコミもほとんど注意を払ってはいなかった。そんな社会状況下での事件であった。

平成一〇年に起こったこの事件は、毒物を混入した犯人が、最も大きな〝ぎまん〟の犠牲者であるが、事件を一層大きくしたのは、この犯人を取り巻く日本人社会の、〝ぎまん〟による犠牲者たちの仕業である。

まず、保健所が、食中毒と薬物中毒の特徴的症状の区別ができなかったことである。そして次には、三つの大きな病院の医師たちが、六四名もの患者を診ていながら、食中毒と薬物中毒の区別ができず、半日近くも食中毒として対処したことである。結果、四人もの患者が死亡した。

医者は、国家試験に合格した医療の専門家である。その人たちが、保健所が食中毒といえば、ほぼ全員で認めてしまうことは、〝ぎまん〟が大活躍している証拠である。と同時に、医学が、国家試験に合格するための知識や技能でしかなかったともいえる。

私たち日本人の公衆衛生指導や健康相談などに対応する保健所が形骸化し、生命を守ってくれる医師はすでに医術者ではなく、医学者になってしまい、現場での対応ができなくなっているのだろうか。

この事件は、犯人とみられる人物が、まだ〝ぎまん〟の虜になっているので、未だに解決していないが、大惨事になったにもかかわらず、保健所や医師たちが、責任を感じて謝罪したというニュースを耳にしたことはない。怪物〝ぎまん〟の犠牲になっていることにまだ気づいていないのだろうか。

オウム真理教の一連の事件や統一教会、山一・野村証券はいうに及ばず、住専問題、長銀、その他の金融機関の不良債権問題、防衛庁（現防衛省）、厚生省（現厚生労働省）、大蔵省（現財務省）、その他、大小の行政機関の汚職事件、教育や研究機関などの問題すべてが、日本人社会に巣くう怪物〝ぎまん〟の犠牲的社会現象なのである。

この〝ぎまん〟を撲滅することは不可能であるが、勢力を弱めることはできる。それにはまず、〝ぎまん〟のエネルギーとなる邪心や物欲を少なくすることである。次には、形骸化した資格試験制度や権威主義を改善すること、そして、科学万能的な発展主義を改めることである。何より、人類の最高の文化である〝道徳心〟を大切にする価値観を広めることである。

半世紀もの長い間、経済活動を最優先してきた日本人社会は、怪物〝ぎまん〟の蔓延を許し、多くの人々をその犠牲にさせてきたが、やっとこの頃、追放しようとする気運が高まってきた。

これから最も大切なことは、社会悪である〝ぎまん〟を大きくさせてはならないことを強く認識し、幼少年者に正邪を教育することである。そして、幼少年者が明るく、元気に、安心して暮らせるように環境を整備し、道徳心と信頼の文化をしっかりと伝えられる、社会人準備教育としての体験的学習の機会と場を多くすることである。

2　日本人という民族

（1）民族の言葉と風習

自然環境によって培われた言葉や風俗習慣は、共同体験を通じてのみ理解されるものであり、理論的に比較できるものではない。

①自然は創造の知恵

中国の雲南山岳地帯の南に続くナガ高地にコニャック族と呼ばれる人々が住んでいる。彼らは山岳の農耕民で、稲や粟・芋を主食とし、王様のいる定住農耕型の社会を営んでいる。私は一九七九年にその北端のサンユー村を訪れた。

コニャック族には〝おはよう〟とか、〝こんにちは〟という言葉がない。他人と出会ったときには、相手の名前を呼ぶのが挨拶である。知らなければ、年下の者から〝おじさん〟〝おばさん〟の代名詞〝パリー〟と呼びかける。このような挨拶のできない者はコニャック族ではないという。

彼らはズリバイ（ありがとう）いう言葉をよく使う。一般的に、感謝の気持ちを表現する言葉をよく使う民族は、比較的豊かな自然環境で定住した信頼社会を営んでいる場合が多い。砂漠や荒野など、自然環境の厳しいところに住む人々は、感謝の言葉をあまり使わないし、社会性に欠ける。

彼らはまた〝チューチュ〟という別れの挨拶をよく交わす。日本もそうだが、定住農耕型の信頼社会の人々は、形式を重んじ、建前と本音のある二重構造を好み、別離を表面的にも悲しみがちである。しかし、遊牧型の不信社会では、自己中心的で、別れることが日常的なのか、別離に際して特別な言葉を使わない。

②言葉は民族の暗号

言葉は意思を伝えるための音の記号で、モールス信号と同じようなものである。自然環境によって培われた複雑な感情を伝える方法は、共同体験を通じて考案される暗号のようなもので、異なった自然環境に住む人々には理解され難い。だから、他民族の使用する言葉は通じないものと考える方が自然である。しかし、自然環境が類似していると、他民族でも意思の伝達方法や暗号の表現に共通性が多い。

〝ハリバイ〟と〝ありがとう〟、〝チューチュ〟と〝さようなら〟は同じ意味なのだが、表現する記号が違う。しかし、その記号を使う人間の心理は同じ。ということは、自然環境に培われた風俗習慣の根底に類似性があるからである。

民族の文化は自然環境を知らずしては比較すべきものではなく、文化を理論的に比較することは、知識の遊びごとにしか過ぎないのだが、コニャック族の伝達記号の並べ方が、『主語＋目的語＋動詞』と日本語の文法に類似しているので、簡単な実例を次に列記してみた。

「ク（私）モン（町の名前）ト（へ）カ（行く）」
「ク（私）エ（は）チカム（お茶）リセン（飲みます）」
「ナン（あなた）チカム（お茶）リン（飲む）ジャ（か）」

記号は異なっても、伝達方法が同じなので、音の記号さえ覚えれば、単純な意思伝達は容易である。伝達方法の異なる西洋諸国の言葉は、日本人にとって大変理解し難い。それは、自然に培われた風俗習慣の違いに通じるからである。

③大自然への願いごと

コニャック族には日本と同じ〝雨乞い〟や〝厄払い〟の風習がある。雨乞いをするのは、彼らが農耕民であり、しかも定期的に雨が降るという自然条件下にあるからである。

農民が予期したときに雨が降らないと、雨乞いをする風習は世界共通であるが、雨がいつ降るかわからない地域や、乾燥地帯や熱帯多雨地方の農民には雨乞いの儀式は見られない。

雨を乞う人間の心理には、生きようとする強い欲望がある。その欲望が神を創造し、神の加護を願い、神を呼びよせる儀式を考案する。その方法は民族によって異なるが、生きようと願う心理から創造された神の本質は同じなので、文明の利器のように他民族のそれと比較すべきものではない。

サンユー村の〝雨乞い〟は、王様に選ばれた四十歳以上の女性が、雄鶏の首を切り、その血を〝シャオ〟と呼ばれる聖地の周囲にまいてから天に祈る。

「ザン、ザン、ザン」

天を意味する。〝ザン〟を三回繰り返して叫ぶ。

「ポンニヤク、ポムトー」

〝黒い雲〟〝白い雲〟と大きな声で天に向かって四回叫ぶ。

「ニーハオ　、、」

「お笑い下さい（お恵み下さい）」と大声で三回叫ぶ。

これだけのことである。しかし、女性は心身ともに疲れてぐったりする。村人たちは僅か三〇分足らずの儀式で、雨が降ることを期待する。雨が降れば天の神が願いを聞き入れてくれたと感謝し、降らなければ何かの事情があって聞こえなかったのだろうと、再び同じ儀式をとり行う。

④健康祈願の厄払い

コニャック族には、〝カクソアプー〟と呼ばれる厄払いの儀式がある。精霊の存在を信じる彼らは、人間にとって不快なことすべてが、悪霊の仕業だという。

伝染病や悪事が起こったり、不吉な徴候があったりすると、王様に選ばれた人が、犬か雄鶏を殺して、その肉を小さく切る。

「悪病が村に入らないように、悪魔が村から出て行きますように」

その人は、村の中の聖地から小さく切った肉を一つずつ投げながら叫んで村中を歩き回って、最後に村の外に出る。すると、悪霊は好物の肉につられて村の外に出るという。出なければ出るまで何度でも繰り返して〝悪霊追い出し〟の儀式を行う。

これは、日本の〝福は内、鬼は外〟と叫んで、豆を投げる節分の悪霊払い行事に類似している。

日本には、鬼神のなす業と思われる、傷害、疾病、天変地異、難儀などの〝わざわい〟を払い除く習慣がある。初詣や節分の豆まき行事は厄払いのための儀式であり、氏神への祈願に〝絵馬〟を捧げるのも厄払いの一種である。また、〝厄年〟に祝いごとをするのも厄払いである。

厄年は、何らかの厄難に遭う恐れがあるので、万事慎むのがよいという年齢である。男は二五歳、四二歳と六〇歳、女は一九歳と三三歳。これらの年齢を肉体的、精神的、社会的に考察すると、少年期から青年になるときと、青年期から壮年になる年であり、男の六〇歳は老年期に入るときである。

厄払いは、厄を払ってもらった、厄を払ったという意識のもち方だけが重要なのであって、その方法を科学的に解明することに意味はない。人間の本質と自然環境が変化しない限り、厄年の経験者のみがその存在理由を理解することができるものである。

厄払いは、人間がより快活に、健康に生きようと努力する創造的行為であり、その方法は自然環境と切り離すことはできない。

世界中から遅れてきた民族と思われている日本人の真価は、豊かな現状を平和的により長く維持することによって認められる。

（2）遅れてきた民族

①発展するのは何故か

今や、日本の存在は世界の注目の的になっている。しかし、その本質について知っている日本人は少ないのではないだろうか。と同時に、諸外国が発展しにくい要因について考える日本人も少ないように思える。

どこの国を訪れても、まず最初に質問される。

「日本が第二次世界大戦後、急に発展したのは何故ですか」

世界の諸民族は、日本が、非文明社会から急に今日の高度な文明社会に発展したものと錯覚している。そのため、自国と比べて考えても、その疑問を解く糸口を失って、大変不可解な神秘に包まれた不思議な国のように思われている。彼らは、日本人とその社会を理解する知識をもち合わせていない場合が多い。

日本人が、世界の諸国を自分たちの価値観で判断するように、諸民族も、現在生活している環境のもとに日本を認識しようとする。ましてや、日本よりも教育の充実が欠け、他を優先して考えることの少ない思考方法のもち主たちであるので、日本が発展すれば一層疑問が強くなり、非難が集中しやすい。特に、人類史の中では、重商主義に走った民族集団が、他民族から好感をもたれなかった事実を、我々も〝歴史学〟なる学問を通じて周知している。

②外交をしない日本人

日本以外の民族集団は、日本が発展すればするほど〝何故〟〝どうして〟という疑問を声高に発し、自分たちの〝非〟を認めることはない。

「外交とは他国の〝非〟を攻め、自国の〝利〟を得るために話し合うことである」

私の会った諸外国の人々はこう教えてくれた。これは、日本以外の諸国では個人的にもいえることである。

現在、年間三〇〇万人もの日本人が外国を訪れている。大半が団体旅行であり、その六〇〜七〇パーセントは中年以上である。彼らは大変礼儀正しく、まじめで、画一的であるが、外国の文化を理解し難く、日本の風習についてすら認識が浅い。

「すみません……」

「どうもありがとうございました」

彼らの多くは、何か小さな問題が起こっても、まず、これらの言葉を口にし、平身低頭するかのごとく、自己否定的な表現をする。日本人なら当たり前のことであるが、諸外国の人々には、それがなかなか理解され難い。

大陸のどの国家でも、たいてい多民族、多宗教であり、政治権力は、いずれかの民族や宗教と結びついている。政治家は、自分の所属している民族や宗教・思想を主張し、発展させることが役目であり、国家全体の発展に尽くす情熱は大変弱いのが普通である。だから、何をなすにも袖の下の行為が要求されがちになる。民衆はそれを知ってもあまり怒らないし、あきらめがちであるが、日本人の風習は、これらとは全く逆の発想をしがちである。

「日本人は画一的で、団体行動を好む民族のようだ」

諸外国の人々が日本人を評する場合、よく使う表現である。しかし、彼らはそれが絶対悪だとは思っていない。彼らも、自分たちの所属している小社会での言行は、日本人的である。ただ、国家的大規模な社会での画一性が、彼らには信じられないのである。だから自己と、自分の小社会に関する主張を繰り返しがちで〝小異を捨てて大同につく〟ことが、何ものの力によっても容易ではない。そのため〝日本のために〟とか〝会社のために〟という自己犠牲的で、〝すみません〟とすぐに頭を下げる謙虚な日本人が、理解できないというのである。

③単一性と活力

地球上の諸民族を探訪すると、一民族が一国家をなしている例は大変少ない。しかも、一億もの民族的国民のいる文明発展国は日本だけである。民族といった場合は、言葉と風俗習慣を異にしない社会ということが大前提になる。日本は、自然環境的には列島国なので単一民族国家を建てやすい条件下にあり、大変恵まれていた。

先進国とされている欧州諸国ですら、今も内部に、民族と宗教戦争の火種が消えてはいない。だから、国民の大半の意志によって諸事が終決されることは少ない。それは、大変民主的で、自由で、開放的だが、大社会としての集約的な活力に欠けやすい。そのため、全体的な改革と発展は遅々として進み難い。ましてや、アジア諸国のような発展途上国の多民族国家では、まず、大社会の画期的な発展は望みようもない。もしあり得るとすれば、それは他国民の侵略による植民地化であり、革命でしかあるまい。しかし、文化は自然環境のなさしめた、人間への贈り物なので、やがて修正を余儀なくされる。東南アジア諸国の現状が、その事実を一目瞭然にしてくれる。

人間は、自分が所属していると自認する社会には献身的であり得るが、さもなければ、大変自己中心的である。アメリカ人が国際的で、どこにでも口や手を出すのは、世界は自分たちの傘下にあるという意識が強いからであって、決して献身的なのではない。それどころか、多民族・多宗教・多文化の見本的な国家で、大変自己中心的な発想をする人が多く、自己保全のために何でも条文化している。そのため、国内の高度な文明社会では、不信と不調和と退廃の嵐が吹き荒れ、経済的不況と、末期的な社会現象に見舞われている。彼らが最も望んでやまないのは、信頼と調和と活力のある社会である。

今や、日本の単一性とその活力は、世界の人々にとって信じられない事実であり、諸民族の理想の楽土として、羨望の的になっている。しかし、諸外国の人々が日本に望むことは、彼らと同じような社会になることであり、自分たちより優位になることではない。

④遅れてきた民族

日本人の多くは、欧米諸国以外では、日本が最も発展し、最も進歩し、最も豊かで秀れていると思っている。そして、東南アジア諸国の発展途上国とは本質的に異なっているという自負心をもっている。ところが、世界のどんな民族も、自分たちのことを他に勝っていると思っているのである。特に、日本に最もかかわりのある東南アジアや近隣諸国の人々がそうである。

昭和五七年三月下旬にタイ国を訪れたとき、ある日本人がいった。

「日本人であることが、なんとなく情けなくなってきます」

彼は、日本から技術指導に行ったのであるが、タイの人々は、日本人は我々の弟であり、遅れてやってきた民族であるとしか思っていないというのである。自分たちは西洋化も日本より早かったというし、今、日本はちょっと文明的に進んでいるだけだというのだそうだ。これは、日本人のタイ国に対するイメージと重なる。いや、中国でも、韓国、フィリピン、インドネシアでも、彼らは日本を兄貴分だとか、指導的な立場だとは決して思っていない。それどころか、自分たちより遅れて文明国になったと思っている。その彼らが、不思議なことに、欧米人には頭が上がらないし、未だに下位的立場に甘んじている。

彼らが日本を知ったのは、日本人が後悔してやまない大東亜戦争、すなわち太平洋戦争時においてであるが、欧米諸国のことは、その一〇〇年以上も前から知っているし、武力によって植民地化されたとはいえ、いろいろなことを教え、与えてくれたと思っており、今もその影響力が残像のごとく続いている。

欧米人は、日本のことを自分たちの教え子であり、コピーであり、はるかに遅れてきた後輩ぐらいにしか思っていない。その日本が世界経済の動向の鍵を握ったのであるから、世界中の人々が、優越感による妬み半分の外交をしかけても不思議はない。

世界中から遅れてきた民族と思われている日本人の真価は、現状を平和的により長く維持することによって認められる。さもなくば、子々孫々に至るまで遅れてきた民族でしかあるまい。

人間は、インターナショナルになればなるほどナショナルになり、年長者になればなるほど閉鎖的で、若ければ若いほど解放的である。

（3）民族的日本人とは

①日本人とは

「日本人とは？」と尋ねられて、まともに答えられる日本人は少ない。

日本人という意味には民族的日本人と社会的日本人の二通りの区別が必要である。

民族的日本人とは、両親を日本人とする人々のことであり、社会的日本人とは、日本語を話し、日本の風俗習慣を理解し、日本人として社会の義務と責任を果たしている人のことである。

これまでの人間は、生物的〝人種〟と文化的な〝民族〟、そして政治的な〝国民〟に区別されてきた。国際化が進めばこのような区別は必要なくなるが、〝民族〟だけはかなり長く残るだろう。

だから、アメリカに移民した日系人は、人種的には日本人だが、社会的にはアメリカ人であり、日本に移住して、居住権をもった外国人は、民族的には外国人だが、社会的には日本人である。これからの国際化時代には、社会的日本人が多くなるだろうが、四世代からは同化した民族的日本人とみなすことになるだろう。

一般的に、日本人とは民族的日本人のことであるが、自分たちの社会を営む自覚の薄い日本人には、その認識が乏しい。だから、外国人を見ても、外見だけや、概念だけで判断してしまい、相手の社会性や特質を無視しがちである。国内における日本人同士でも、日本の社会というよりも、自分の社会というかかわり方でしか判断しない習慣があり、社会人としての認識が狭い。

②民族的日本人の本質

日本人は生まれながらにして、民族的日本人ではない。民族的日本人になるには、社会人準備教育が必要である。

人間は、自分たちの社会を営むために、次の世代にいろいろな知恵を伝授してきた。だから言葉を伝える文字が発明され、風土によって、風俗習慣が異なって、その特質をもつようになった。社会人準備教育とはそれらの特質を伝授することである。

日本人的発想とか、日本人的というのは、民族的日本人の風俗習慣をいうのであって、人種的日本人の特徴ではない。人間は環境の変化に順応する能力をもっているので、生活環境によっては、社会的特質はかなり変わってくる。だから、人種的特徴は骨格や肌の色などの肉体的なものだけで、文化や風俗習慣や思考方法は環境によって変わる。

民族的日本人の言葉や風俗習慣は、何千年もの間に、日本人の知恵と体験から培われたものであって、一夜にできたものではない。しかし、これらは不変ではない。もし環境や風俗習慣が二〇年ごとに変化すれば、人種的には同じでも、社会的には異なった日本人が日本国内に住むことになる。そうなれば、コミュニケーションや社会生活に不便と不和が生じやすくなる。だから、親から子、子から孫へと、あらゆる場と共同体験を通じて、自分たちの社会を営みやすいように言葉を教え、風俗習慣を教える。それが、社会人準備教育の根本なのである。

人種的日本人が、社会を営むために、青少年に社会人準備教育をすることは、五百年も千年も前から行われてきた。今日のような学校教育は僅か百数十年ほど前からのことであり、机上の知識だけの教育の歴史は浅い。にもかかわらず、発展した文明社会に住む日本人は、知識偏重の学校教育の重視により、民族的日本人の本質を失いかけている。

③子どもから老人までの共同体験

人間は同年輩だけを集めると、競争心は強くなるが、親切心や包容力、そして社会構成がわからなくなる。学校の知識教育においてはよしとしても、学校外における社会人準備教育においては、子どもから老人までが、行動を共にしたり、同じことを体験させたりすることによって、民族的日本人としての知識と知恵を習得させることが必要である。活字や講義による知識教育ではなく、共同体験を通じて社会の営み方と人間性を知らせることは、有史以前から続いている人間社会の後継者を培う知恵であった。だから、子どもから老人までが共に行動して楽しめる行事や祭りなどが世界の各地で催されている。

日本人の風俗習慣は、民族的日本人が勝手に作ったものではなく、日本の風土から培われたものである。だから、民族的日本人が日本の大地を離れない限り、日本の自然を無視することはできないし、主義思想や、政治形態が異なっても、生活習慣や言葉は簡単には変わらない。

④体験活動を通じての社会人準備教育

日本人の文化の大半が、日本の自然に培われたものなので、民族的日本人の思考の根底には、日本の自然的条件が大きな影響力をもつ。だから、今日の学校教育の中にも、日本の自然とのかかわりを教える体験活動を通じて社会人準備教育することが必要である。そのためには、学校の先生がその知識と知恵と体験を必要とするので、先生を養成する大学の教職課程の中に、生活体験を必修科目とすることが必要。また、義務教育の小、中学校のカリキュラムにも、生活する喜びや、自然とのかかわりを知らせる機会となるような、農作業などの体験活動を、スポーツ以外の正課として取り入れるべきである。

知識偏重教育になりがちな今日の文明社会の中で、青少年が社会を営む知恵を習得することは困難であるが、子どもから老人までが共同体験をもつこと、特に野外で行動を共にすることによって、日本人としての、知恵が伝授されることを再認識する必要がある。

社会の中心は、政治であり、政治の中心は、日本人の量よりも質である。政治的、経済的にまがりかどにきた日本の新しい道は、日本人が政治を無視せず、主義思想のみによって判断しないことである。

（4）日本人としてのあり方

①個々に多少の犠牲

この地球上に七四億人以上も住んでいる人類は、残念なことに、集団生活を営みながら自己を主張して他を否定したり、抹殺したりするという残酷を極める本質がある。しかしもう一方では、集団の中でよりよく逞しく生きたいという願望があり、個に徹するのではなく、思考という精神活動によって、言葉を話しかけて孤独を癒やす特定の相手を求め、お互い認め合い、許し合える寛容さも併せもっている。

私たちは、好むと好まざるとにかかわりなく、集団的規約を受けて生活しているので、集団と個、個と個が対立すれば安心・安全な生活は望めない。だから、一般的には理性が働いて残酷極まりない人間的本質を抑えて、集団が分裂しないように様々な規約や道徳心により、個が勝手放題にはできないようになっている。

日本人の社会を内部衰退などによる崩壊から守るには、個々に多少の犠牲があっても、あらゆる工夫や努力を惜しまず、お互いを認め合ってゆくしかない。

②安心感を求めて

私たち日本人の社会的存在価値は、一人ひとりが個人的存在を主張するのではなく、個々がお互いを尊重し合い、心配りをして認め合う絆を重視することであった。そして、精神生活は年功序列的な縦社会において、〝恥〟という不名誉なことにならないように心がけていた。世界広しといえども、日本は私の知る限り最も家族の絆の強い、人間愛に富んだ信頼社会であったともいえる。

様々な人が集う日本人社会には、集団と個や個と個の対立はあるが、日本人としてよりよく生きてゆくためには、個々が様々な精神的試練に耐え、お互いを認めて信頼し合うことである。

そのためには、私たちの先祖が、血の滲むような試行錯誤によって獲得した、よりよい生活の知恵としての生活文化を、これからの科学的文明社会に対応する心の糧とするのは、決して無駄なことではない。

日本人としての自分を正当に認識する自己認識にとって大事なのは、私たちの日常生活における安心感に必要な心の拠り所としての、生活文化を知ることである。

③生活文化の認識

これからの国際化する社会に対応する知識や技能は、一層発展する情報文明によって、否応なく身近にあふれるので自然に身につくだろうが、日本人としての安心・安全な日常生活を過ごすための生活文化については、自己努力によってしか身につけることはできない。しかし、多くの人はそのことに気づかずに、文明社会の情報化に対応することに追われて余裕のない孤独な生活になり、精神的な不安と不満が多くなりがちである。

私たちは、自然環境に順応して生きてきた先祖たちの知恵を、知れば知るほど心が豊かになり、安心な気持ちになれるが、知らなければよりよく生きるに役立てられず、心の拠り所を失って不安な日々を過ごすことになる。

日本人が、これからの文明社会にどのように対処してゆくのか、ますます激しさを増す経済競争の渦巻く国際社会でどのように対処し、振る舞ってゆくのか、不確実なことが一層多くなる社会で、各個人が自信をもって行動してゆくには、言葉や道徳心、風習、衣食住、生活力などの生活文化を基盤とした、日本人としてのあり方を自覚・認識するしかない。

④日本人としての生きがい

日本人としてのあり方は、まずは日本人社会の生きがいであり、個人の自己認識による人間的あり方であり生き方である。

その日本人としてのあり方を具体的にすると、自分は子どもをこのように育てたいという育児観、自分はこのように教育していきたいという教育観、自分はこのように社会に貢献してゆきたいという社会観、自分はこのような仕事をしたいという労働観、自分は社会にこのように対応したいという処世観、自分は日本人としてこのように振る舞いたいという人生観などである。

私たち日本人の喜びや悲しみは、物質的な面よりも他の人々との絆や信頼、協力、協調などの心の面によることの方が強かった。

自分を正当に評価する日本人としての自己認識は、長い長い歴史上に先祖たちが培ってきた、かつての主産業であった稲作農業を中心とする、生活文化を更に深めることによって高めることができる。

（5）先取り好みの日本人

日本列島のように、民族戦争の少なかった地域の人々は、侵略がいかなる行為であり、それが時と場合によって、悪にも善にもなり得るという外交術の舞台裏を理解しきれないことが多い。

①侵略のなかった国

人類史の中で、日本人は民族戦争を知らない唯一の民族といえるのではないだろうか。といえば、大東亜戦争・太平洋戦争の例をもちだして戦争体験を語ろうとする人が多いが、大陸における民族戦争とはいささか異なっているように思える。

戦争といった場合、第二次世界大戦以後の朝鮮戦争、ベトナム戦争やフォークランド紛争、イラン・イラク戦争、中東戦争のような戦いを想像するが、これらはすべて近代的な外交戦術としての戦争であり、中東戦争以外は民族と民族の興亡をかけた侵略戦争ではない。

かつて、大陸のどの民族も、民族の盛衰にかかわる戦争を体験し、ときには生地を追われて玉突き状に他の民族を侵略したり、大移動をせざるを得なかったり、被支配民族となって大変苦しい時代を経験したことが少なくない。アジア大陸の民族史を調べるに、大半の民族が民族戦争の体験をしている。そのため、個人的にも護身の策がたけており、その集団である社会は、安全と平和を維持する外交術が大変上手であり、環境の変化に敏感に順応することなく、民族独自の文化を持続する潜在力が強い。ということは、個人の文化的持続力が強く、権力や時の流れに左右されない強靭な精神を内在しているともいえる。

日本人はこうした意味での民族戦争を体験していないし、侵略された経験をもっていないので、民族としての社会的統一が自主的なものではなく、権力による、強制的なものであったのではないかと思われる。自主的な統一社会でない限り、権力機構や権力者の衰退によって不統一になりがちな社会は、民族としての持続力が弱く、社会現象に順応しやすいものである。

民族戦争を知らない日本人の特徴は、長いものに巻かれやすく、個人としての自己管理能力が弱く、自主的な民族意識が欠落しがちであるので、その集団社会に活気はあっても、独自性は弱い。

②抽象的な言葉の学習

周囲は海という要塞的な自然環境によって、日本は、千数百年間も他民族の侵略を受けなかったことから、温和な自然と共に、信頼的社会を営み、協調的な風習を培ってきた。人類の文明は、戦争によって発展したものが多く、平和な農耕民社会で、祖霊信仰の深い日本では文明の発展は早くなかった。そのため、戦争のたえなかった中国大陸や朝鮮半島からの文明輸入によって、仏教文化の洗礼を受け、漢字文化の模倣に走った。

日本人の学習は、写経を中心とする漢字を読み書きし、文字を覚えることから始まったので、発想や研究や調査を主体とする学問には弱く、独創性に欠ける傾向が強かった。

やがて明治維新になり、欧米の近代的な文明の移入によって、漢字文化から欧米文化の模倣に変化した。やはり、文字と言葉を覚え、それを翻訳すること、その内容を覚え、理解することを主体とする学問が発展し、翻訳文化全盛時代ともいえる時代が続き、戦後はアメリカ文化模倣時代となった。人間の学習にとって、原体験のある言葉は、具体的なことを認識し得るが、単なる言葉の学習は、抽象的なことしか認識し得ないものである。生活体験のない言葉や文字による学習は、大変抽象的な知識でしかなく、問題意識の具体性に欠けやすいので、物事の発見の意欲は弱くなる。

原体験のない言葉や文字による学習は、人間が生きるに必要な民族的文化である基層文化の衰退を招き、自由な個人によって創造される表層文化の発展が強くなるので、徐々に社会の活力が減退する。

③自己否定と比較

日本人は、温和な自然に恵まれた列島国の中で、定住農耕型の信頼社会を培ってきたので、民族の大移動や、被支配の経験をもたないまま、何の努力もなく自分たちの大地が永久的に存続すると信じている。

定住した信頼社会では、権力に逆らうことなく、時の経つのを待ち、他人の風評を気にし、村八分されることを最も恐れる風習が定着した。そのため、断定的な表現を避け、非常にあいまいな態度と言葉を身につけた。

物事の善悪に確かな基準はなく、他と比較することによって決められ、時と場合によって異なり、権力によっていかようにもなりがちである。集団の中では、型の定まらない、潜在的な社会意識である恥と誇りによって、自己否定的な発想をすることが多い。それは、不文律の比較による善悪であり、価値観であるので、文化の異なる他民族には大変理解され難い。

日本人社会における恥と誇りの感情は、状況変化によって、過去を否定することも可能であり、自己否定も容易であることから、善悪は、比較する対象によって異なりがちであり、大変流動的なものであるので、個人レベルの自主的な判断は弱く、価値観の民族的統一は困難を極める。だから、非社会的な発想が強く、善と悪を表面的に認識しがちで、悪はまた善なりという両刃の剣的な発想は否定されがちである。そのため比較する対象によって単純に悪と善が区別されがちになる。

④世界一進歩的な人々

民族戦争の多かった大陸の人々は、不信社会の中で、絶対唯一の証明は先祖とその文化であることを信じている。彼らの理想は、自分の民族的誇りが保証された社会の中で、平和に安全に暮らすことである。しかし、そのために自己を否定することや、過去を否定することはしないし、自分の民族的証明を否定することもしないので、大変根強い基層文化を身につけている。

彼らにとっての理想は、実体験によって学んだ現実の延長にあり、文字や言葉によって学んだ抽象的な理論の世界にはないので、強烈な自己確認の知恵が内在している。だから、彼らにとって過去は事実であり、否定すれば自分の存在が証明できないことを知っているので、沈黙しても否定することはしない。

ところが、日本列島のように、民族戦争のなかった地域の人々は、侵略がいかなる行為であり、それが時と場合によって、悪にも善にもなり得るという外交術の舞台裏を理解しきれないことが多い。しかも、侵略が何を基準に使われる言葉なのかを考慮しないことすらある。それは、漢字文化や欧米文化を模倣した抽象的な言葉や文字の学習による知識が強く、実体験をともなった言葉による、基層文化の確認をしないままに、千数百年もの長い間、社会生活を営んでこられたことによるのだろう。

もし、二一世紀に地球上が民族性のない社会になるとするならば、日本人は他民族に比べ、最も早く先取りできるだろう。

（6）逞しい日本人の育成

①孤独で淋しい子どもたち

四、五〇年前までの日本の子どもたちは、家庭や地域社会で異年齢集団での群れ遊びが自然にできていた。ところが、昭和四〇年代に入ると日本が徐々に豊かになり、人口が都市に集中する工業化が進み、地域社会が崩壊し始めると共に、少子化や核家族化も進んだ。学校教育は知識偏重となり、塾に通う子や習い事をする子が多く、その上、子どもが楽しめるテレビ番組が多くなって、野外で自由に群れ遊ぶ子が少なくなった。

それからすでに三、四〇年が過ぎ、今日では、核家族化や少子化が更に進み、家族の絆や地域社会は一層弱体化して、野外で群れ遊ぶ切磋琢磨の機会と場がないこともあって、孤独で活力のない淋しい子が多くなっている。

②いじめ・非行などの性格的特質

今日の子どもたちは一人っ子が多く、塾や習い事に通っている上に、テレビゲームやインターネットなどの、ソーシャルメディアの発達によって孤立化している。そのせいもあっていじめが一層陰湿になり、非行や登校拒否、引きこもりなどが多くなっている。そのような少年期（六～一五歳）の子どもたちの性格的特質は次のようである。
イ、意志欠如性（抑止力の欠如または弱体化）
ロ、不安定性（基本的生活習慣の欠如）
ハ、爆発性（短絡的、衝動的行動）
ニ、自己顕示性（自分勝手）
困ったことに、少年期に一度このような特質を身につけると、大人になってからではなかなか修正できない。

③活力や自立心の弱い大人

この半世紀近くもの間、日本の社会状況は激変しており、その時代・時代の子どもたちが成人した今日、社会人になろうとしない、なれない、また親になろうとしない、なれない人が多くなっている。その上、ニートと呼ばれる若者やうつ病になる人、それに生活保護を受ける人も多くなっている。

少年期に野外で群れ遊ぶ切磋琢磨の鍛錬の機会と場が少なかった大人の多くが、利己的で意思欠如的、短絡的、衝動的で活力や自立心が弱いとされているが、その性格的特長は次のようである。
イ、孤立化しやすい＝社会化されていないので他を思いやる心に欠ける。
ロ、気まぐれで、意思欠如性＝不満や不安が多くて安心感がもてない。
ハ、自己顕示性が強い＝自分勝手で自省心が弱く、責任感に欠ける。
ニ、抑止力が弱い＝判断力、応用力、決断力が弱く、幼稚で自制心が未発達。

このように活力や自立心の弱い大人が多くなっていることは、少年期の教育が進学・進級用の知識偏重になっていたからである。

群れ遊びなどの集団活動をしないでいじめや非行に走る少年たちの性格的特質と、今日の自立心の弱い大人の性格的特徴が類似していることは、少年期に意欲や自立心の基礎が培われていなかったことになる。

④逞しい日本人を育てる集団活動（鍛錬）

私たちは、群がることによって、視覚や聴覚を介して心の交流を図り、人間関係をうまく作って集団欲を満たしている。群れ遊ぶことによって、仲間を大事に思い、離れたくない、一緒にいたい心情から好き、愛する感情が強くなり、守りたい、守ろうとする意識が芽生える。そうすれば、いじめても程度をわきまえるし、いじめられても自殺するような孤独感や不安感を払拭できる。

今日の子どもたちの多くは、家族の絆が弱く、地域社会の崩壊によって遊ぶ仲間がいないので、孤独で不安な心情からいじめが陰湿になり、いじめに対抗する忍耐力や自立心が弱く、逞しく生きる力を身につけていない。

人間は、群れ遊びなどの集団活動（鍛錬）を通じて、逞しく生きる活力や自立心が育まれるので、少年期において最も重要なことは、同年齢や異年齢を問わず徒党を組んで群れ遊ぶ、鍛錬の機会と場に恵まれて心身を培うことである。

これからの日本が安定・継続するためには、知識・技能教育だけではなく、群れ遊びなどの集団活動（鍛錬）などを通じて、自立心の強い逞しい日本人を育成することが必要条件である。

人間は不安で満たされないときは努力し安全を求め、平和で豊かなときには労働意欲をなくし快楽を求める。しかし、いかなるときにも人間の最後の保証は自然の恵みである。

(7) 日本人の保証

①世界の中の自分の大地

私は過去一一年間に一一一か国の国々を探訪した（昭和五〇年の時点）。地球上の自然の恵みは不均等であったが、どんなところにも人間は自然に順応し、社会を営みつつ人間的な生活をしていた。地球上の三八億もの人間のなかには、幸福とか平和、文化、文明とかの意味を知らずに生活している人々が多かった。また、不幸とか不満、不安を感じすぎている人々も多かった。なかには、欲望と快楽と独善のかたまりのような人々もいた。とにかく人間の社会は一〇人であろうが、一億人であろうが別に変わることはなかった。

昭和五〇年一一月二八日、全日本が公労協の「スト権スト」のまっただ中にある。私は東京にいた午後一〇時、いつもは中央線が走ってうるさいのに、まるで未開地にいるように静かだ。

私は異国でふと不安にかられたとき、いつでも帰ることのできる自分の大地を思ってなぐさめた。自分の大地。正確にはそんなものはない。しかし、この地球上で、自分の最も使いやすい言葉で、習慣で、最も落ち着いて生活できる日本の大地の存在を信じている。ただそれだけで不安からまぬがれる。ただそれだけで幸せを感じる。ただそれだけで生きる喜びを感じる。

私は今自分の大地にいる。しかし、聞こえるはずの国電の走る音が聞こえない。私一人が聞こえないのか、日本人一億人が聞こえないのか…。ふと不安がよぎる。

社会の法則によって　私はいつも国電に乗っていた。私はいつも電話していた。私はいつも赤いポストにはがきを投げ込んでいたし、いつも手紙を受け取っていた。

国電は止まった。手紙もこなかった。私はふと自分が信じている自分の大地と社会について考えた。自分の社会日本では、三七万八〇〇〇平方キロメートルの中に一億以上もの人間が住んでいた。皆それぞれ自分の生活をもっている。権利と主義を主張する個性の強い一億人もが豊かな社会生活を営んでいる。その一人ひとりの保証は、社会の法則によって保たれていた。しかし、それは人間が考えて作ったものであり、人間が破るものでもあって、不変なものではない。結局、道徳心も、法律も、保険も、年金も我々の社会の存在なくしては、個人にとって何の保証もないのである。

②大地の保証がない

人間の社会が便宜上使っている貨幣は、人間にとっては最後の保証ではない。社会の存在がなければ紙クズであり、アルミや銅のかたまりでしかない。文明がいかに進歩しても、人間が生きるために食べるものは生物である。特に大地に生える植物の恩恵が大である。だから、人間は大地の保証なくしては生きられない。

しかし、困ったことに、日本の大地は約五千万人が生きるにふさわしい面積だという。他の国々について調べてみると、昭和五六年現在で、米国は面積が日本の約二五倍、人口が約二倍。中国は面積が約二五倍、人口が八倍。ソ連は面積が約五七倍、人口が二・五倍。スウェーデンは面積が約一・三倍、人口はなんと一二分の一倍。フランスは面積が一・五倍、人口が約半分。ドイツやイギリス、イタリアなどは面積が約一〇分の七倍、人口は約半分。しかも、耕地可能面積比が日本より大である。オーストラリアに及んでは面積が二一倍、人口は僅か九分の一倍。こう列記してみると、どの国も一人当たりの大地の保証が日本よりも大である。

③最後の保証とは

日本人の半分が大地の保証を得ることができないならば、一体どうすればよいのだろう。

日本人は昔から勤勉でよく働いていたという。働かなければ食べられなかったのだろう。もしかすると、これまでの日本人は自分たちの大地の立地条件を肌で感じ、働くことが最後の保証だということを、先祖代々の知恵として知っていたのかもしれない。

フランス人が家を建てる話をし、ドイツ人が政治の話をし、アメリカ人が戦争の話をし、中国人やソ連人がイデオロギーの話をし、イタリア人やスイス人が食物の話をすれば、日本人は労働の話をすればよい。

フランス人がワインを飲んで昼寝し、ドイツ人がビールを飲んでじゃがいもを食べ、アメリカ人がビーフステーキを食べてドルをポッケに入れて遊び歩き、イギリス人がスコッチを飲んで紳士面をし、ソ連人がウォッカを飲んでイデオロギー論争をすれば、日本人は米や魚を食べて酒を飲み、手を叩いて歌い、そして共に働けばよい。そんな馬鹿な話があるかといっても、自然は人類すべてに平等ではない。国というものが作為的なもので、そんな地域性はなくせよというなら、人間にとっての社会は必要なく、家庭も必要ないということになる。

一億の人間が豊かに平和に生きるための保証は、自然的立地条件を理解し、他のいかなる国々の人々よりも知恵と知識を身につけて、汗を惜しまず努力することである。それを勘違いして、砂上の楼閣的豊かさをもって、アメリカやフランス、ドイツ、イタリア、イギリス、中国やソ連などにすべてを右へ倣えをしていては、自分たちの墓穴を掘るようなものだ。日本には日本人の社会があり、独自性がなくてはなるまい。そして、世界の国々と協力し合うところに貿易立国の活路が開ける。ストもデモもよいが、自分たちの社会を忘れた、頭デッカチの行為なら、一億人の保証のためにはならないことを知ってほしい。

日本人のすべてが、今一度、この繁栄と平和の原点にたちかえって、日本の成り立ちを振り返ってみる時がやって来た。

友よ！　汗を惜しむな、我々の保証は我々の優秀な手の中にある。

（8）日本人が誇れるもの

これ程世界の知識、情報、技能、文化、物資を一堂に集めていながら、青年が自分の国を誇れないのは、社会の価値基準が狂っているせいかもしれない。それにしても、大人がもう少し自信と誇りをもつべきではあるまいか。

①社会に役立つなんて

平成元年一月に、総務庁青少年対策本部から「世界の青年との比較からみた日本の青年」という報告書が出版された。この調査は、昭和六三年一月から六月までの間、日本・アメリカ・イギリス・西ドイツ・フランス・スウェーデン・オーストラリア・シンガポール・韓国・中国・ブラジル計一一か国の一八歳から二四歳までの青年を対象に、家庭や学校、職業・友人・余暇・地域社会・国家・社会・人生観などについての考えを質問したもので、サンプル数を千枚ずつ取った。

それによると、国家に対する考え方では〝自国で誇れるもの〟の回答率は、日本青年の一位が『歴史や文化遺産』五六パーセント、二位『科学や技術』四八・五パーセント、三位『教育の水準』三〇・七パーセント、四位『社会の安定性』二八・三パーセント、五位『生活水準』二七・五パーセントである。一位の項目は各国異なるが、シンガポール・スウェーデン・韓国が七〇パーセント以上、オーストラリア・アメリカ・中国・イギリスが六〇パーセント以上である。残念なことに、日本はすべての項目がブラジルについで低いのである。

〝自国に対し役立ちたいか〟の設問中、『自国のために役立つと思うようなことをしたい』は、シンガポール・韓国・中国〟アメリカが八〇パーセント以上で、スウェーデン・オーストラリア・ブラジルが七〇パーセント以上なのに、日本は西ドイツについで低く、四一パーセント。そして、『そのためには自分自身の利益を犠牲にしてもよい』は、最低の五・五パーセントである。

社会に対する考え方では、〝個人生活志向〟が五三・九パーセントと、西ドイツ・イギリスについで高く、〝社会生活志向〟は三二・四パーセントと、西ドイツについで低い。

〝社会に対する満足度〟の中の『不満である』は一一パーセント、『やや不満である』は三〇・八パーセントと七番目に高い。

社会に対する不満の理由では、〝まじめな者が報われない〟が四四パーセントで一位、二位は、〝正しいことが通らない〟で四三・八パーセントである。この傾向は、社会主義の中国と同じだ。

私たち日本人は、大変な努力と犠牲を払って、豊かで平和な高度な文明社会を作り上げてきたが、青年たちはこの社会に満足していないし、評価も低く、社会の一員としての義務と責任を果たそうともしていない。どちらかといえば、自分本位である。

②見習い教育の伝統

日本に倣えと叫ぶシンガポールの青年たちが誇る『教育水準』は六七・六パーセントで一番高く、次はスウェーデンの五五・二パーセント、そして韓国四七・二パーセント、西ドイツ三七・一パーセント、イギリス三一・八パーセントで、日本は六番目である。しかし、教育政策に失敗したとされるアメリカは、この一覧表には出てこない。

日本は明治以後、ヨーロッパ、特にイギリスに見習って学校教育制度を導入し、他国にはなかった全人教育を始めた。その成果は大きくて、就学率が高く、世界で文盲率が最も低かった。そして戦後は、アメリカの教育制度を見習って六・三・三・四制の民主教育を徹底的に実行し、自由・平等・博愛の名のもとに世界一の就学率を誇ってきた。

世界の最先端にある高度な文明国日本の教育は、すでにいかなる国をも見習うことができない状態になっていながら、未だに独自の教育方法を考案しようとせず、教育学者や政治家は、明治以後の伝統により欧米に見習おうとしたり、制度を変えようとしたりするだけである。

アメリカは、アメリカ式民主教育に失敗し、今では日本に倣おうとさえしている。しかし、日本には、世界の多くの国が倣おうとしているにもかかわらず、日本的な教育理論ができていないし、自信もない。

明治から昭和にかけての全人教育の成功は、今日の繁栄した日本国をつくった日本人によって証明されているが、戦後の民主教育は、二一世紀の日本人によってしか証明されない。

日本の戦後の教育者の多くが、高邁な教育論の妄信によって、社会人としての基本的能力を教えようともせず、安易に知識偏重教育を続けてきた結果が、今日の青年たちの姿なのである。

私たち日本人は、もうすでに、世界のどの国よりも先んじて、高等な文明社会における教育内容や方法を研究、開発してゆかねばならない立場に立たされている。

③価値観の定まらない世代

日本において、学校で学んだり経験したりしたことの中では、〝友人と深い友情で結ばれた〟が一位で五四パーセント、二位は、〝一般的・基本的知識を身につけた〟の五二・三パーセントである。大学卒が評価される要素については、〝大学でどのような専門分野を学んだかということ〟が一位で三六・三パーセント、二位は〝一流大学を出ているかどうかということ〟二六・七パーセント。三位〝大学でどのような成績を修めたかということ〟七・一パーセントである。これは、多くの国が日本と逆の『成績』が一位で、西ドイツ五三・二パーセント、イギリス五二・四パーセント、オーストラリア四六・八パーセント、アメリカ四二・六パーセントで、『一流大学』の割合は非常に低い。

職場に対する定着意識では、〝続けたい〟が最低で二六・二パーセント。〝変わりたいと思うことはあるが続ける〟が最高で二五・三パーセント。〝機会があったら変わりたい〟が二七・九パーセントで、中国、オーストラリア・シンガポール・フランスについで五番目。日本青年は職業への定着意識が大変弱い。

職場生活の満足度については、〝満足〟は最低で一一・二パーセント。〝やや不満〟は最高で二四・五パーセントである。

今回の調査対象青年は、一〇年前の昭和五三年には八歳から一四歳で、小学から中学生であった。その頃から家庭内暴力や校内暴力が始まっている。

社会的には〝列島改造論〟による価値観の激動期である。また、この時期にはロッキード事件による金権政治が露見したり、オイルショック後にやってきた活発な経済活動や円高、それに機械化などによって社会は少々動揺したが、日本はアメリカに伍して発展し、債務国から債権国へと躍進した。一方では、教育改革が叫ばれ、祖国のない国際化や比較文化論などが重要視され始め、日本が最も社会的価値基準を失って、経済的価値観によって社会が営まれ始めた頃でもある。
要するに、彼らは価値観が多様化して定まらない、日本人社会の鏡のような世代なのである。

④世界に誇れるもの

人の暮らし方についての考え方では、〝自分の好きなように暮らす〟が四六・一パーセントで中国についで低く、〝経済的に豊かになる〟は三八・七パーセントで他の国と比べ極端に高い。〝社会的な地位をえる〟は最も低く五・一パーセント〝社会のために尽くす〟も、最低のスウェーデンとほぼ同じ二・八パーセントと二番目に低い。

〝生きがいを感じるとき〟は、一位『友人や仲間といるとき』六二パーセント、二位『スポーツや趣味に打ち込んでいるとき』五八・三パーセント、三位『仕事に打ち込んでいるとき』二七・六パーセント。四位『家族といるとき』二一・三パーセント。五位『他人にわずらわされず、一人でいるとき』一三・七パーセントとなっている。しかし、『社会のために役立つことをしているとき』は、七項目中最低で、なんと九・七パーセントである。他の国はすべて五位までに入っており、韓国や中国は二位、ブラジルは三位である。

この結果によると、日本青年には、自分の社会も、自分の国も意識の中にないのではあるまいか。実に自分本位で無責任であり、無気力で誇るものすらもっていないようである。

幸福感については〝幸福だ〟と答えたのは三〇・八パーセントで、中国、韓国についで低い。悩みや心配ごとは、一位が〝お金のこと〟で他国とほぼ同じであるが、五位の〝健康のこと〟が二一パーセントで、他国と比べて高いのが特徴である。これは、幼少年時代によく遊んで基礎体力を培っていなかったことの現れかもしれない。

日本の青年たちの調査結果は以上のようであるが、私がこれまで二五年かけて世界一一一か国を歩いた実感によると、日本の多くのことがすでに世界のトップレベルにある。

日本は、奈良・平安の時代から中国大陸に見習い、明治維新以後はヨーロッパに見習い、戦後はアメリカに見習ってきたのだが、昭和四〇年代の中程から、すでに世界で最も安全で、平和で、豊かな、発展した文明国になっている。

私たち日本人が、世界の中の日本を意識する時、社会の安定はゆとり、平和は幸福、経済力は繁栄、発展は自信、継続は国力であることを十分に認識すべきである。

今、日本人が世界に誇れるものは、自然、長寿、文化遺産、教育水準、科学技術、繁栄、生活水準、社会の安定、平和、自由などである。誇れないのは政治と食料自給率だけだろう。

昔ながらの謙遜によるものかもしれないが、これ程世界の知識、情報、技能、文化、物質を一堂に集めていながら、青年が自分の国を誇れないのは、社会の価値基準が定まっていないせいかもしれない。それにしても、大人がもう少し自信と誇りをもつことが肝腎だ。

〝干上がった河口にも、やがて潮は満ちてくるが、長くなれば、中洲の生きものたちは逃げてしまう〟という諺がある。

（9）日本人に名誉と勇気を

―お金を失うことは、少し失うことだ　名誉を失うことは、多くを失うことだ　勇気を失うことは、全てを失うことだ―

ゲーテの言葉である。

人類は、これまで長い間、貧に対する哲学をもち、飢えに対する文化を培ってきた。しかし、まだ豊かさに対する哲学はなく、飽食に対する文化を培ってはいない。

そのため、人類は貧には強いが、暖衣飽食には弱い。

私たち日本人は、この半世紀、お金を得るためにがむしゃらに働いてきた。その勇気ある労働行為は、世界から注目され、感動さえ与えてきた。しかし、名誉ある行動をしてきたとは思えない。どちらかといえば、お金を得るためには、少々名誉を失っても仕方ないとすら考える人が多かった。

その結果、生産効率の悪い農業を見捨て、無機物を合理的に生産する工業化へと邁進した。そして、食料輸入大国となり、工業製品の輸出大国となった。やがて食料を得る労働から、お金を得る労働へと意識改革がなされ、世界の一、二位を競う経済大国となった。

ところが、お金を得た暖衣飽食の日本人は、生活や価値観の社会目的を失って、何事も金の力に頼るようになり、大変刹那主義的になった。そして、徐々に活力を失い、バブル経済を破綻させ、マネーゲームの虜になって、額に汗する労働を軽視するようになってしまった。

私たちにとって、今最も大切なことは、自分と自分の社会、民族、祖国を信じ、額に汗して働く勇気をもつことだ。名誉を重んじ、勇気をもって行動することに勝るものはない。

日本国憲法の基本理念は、世界の平和と人々が仲よく暮らしてゆくことである。しかし、高い理想にロマンを求めすぎては、現実の社会を維持するための努力と工夫、勇気を弱めがちになる。

私たちは、牙を抜かれた獣が、笑顔で他の動物たちにすり寄っていくことを美化し、理想化しすぎてきた。そのために、二、三〇年後には、牙を知らない獣が多くなり、己の力を培うための努力や工夫を重ねる勇気を失ってしまうことを知らされた。また、子どもたちに負の遺産を伝え、名誉ある遺産を伝えなければ、社会のよりよい後継者は育ち難いことも知った。

地球の人々が、同じ価値観、同じ言語に統一されることは辛難なことである。人はパンのみでは生きられない。理想と現実の落差を十分に認知した上での勇気ある行動が、社会を安定、継続させるための基本理念である。

我々の、地球人としての心得の基本は、まず日本国を平和に安定、継続させることである。我が大地、我が祖国日本を支える知恵と勇気をもつことだ。その手段として、お金が必要なのである。円であれ、米ドルであれ、ユーロであれ、国際的経済活動にはなくてはならないが、祖国日本を維持するために一番大切なものではない。

作為的な経済活動は絶えず変動するが、お金の多少によって社会の安定が維持できないようでは、文化国家とはいえない。

我々は、お金のために名誉や勇気を失ってはいけない。華やかな知識や技術に振り回されて、知恵を無視してもいけない。

我々は、地球人である前に、まず、日本人としての名誉を取り戻し、社会の安定と継続を促すために、勇気をもって行動することである。その後に必ず知的欲望と活力が湧いてくる。

まだまだ働くことを忘れていない日本人が、勇気と名誉ある行動をすれば、沈滞気味の経済活動を活気づけるのは容易なことである。

〝我が同胞よ、祖国日本を信じよう　我らには愛する仲間がいる　我が同胞よ、平和な未来を信じよう　我らには、元気な子どもたちがいる〟

3　日本的文化

（1）日本文化の原点

神社の鳥居も千木、かつお木、高床式切妻造りの社も、かつて、日本の古代人が日常生活に使っていたものの名残であり、稲作農耕民の象徴なのである。

①不思議な言葉と型

日常見慣れているものを、ふと「どうして？　なぜ？」と再確認してみると、大変不思議なものが多い。特に、現代の青少年にとって、日本文化の諸事について疑問が多いのではないかと思われる。

私はいろいろな国を訪れ、他民族の諸事について質問することが常であるが、反対に、日本について質問されると、どうしても説明しきれないことがある。特に、外国人が最も興味をもつ、日本のどこにでもあって、誰でも知っている、神社と鳥居について質問されると、どう説明してよいのかわからなかった。

宗教については、いかように説明しても異教徒にはわかりにくいものだが、具体的に見ることのできる神社や鳥居の型については、あやふやな説明で納得させることはできない。日本人にとっては見慣れているので、特別な形状ではなく、なんとなく意味ありげに見え、手を合わせたくもなるが、外国人、特にキリスト教の欧米人にとっては不思議で、奇怪な建造物でしかない。

神社には、屋根の上に棟飾りがついている社がある。屋根の切妻から出ている二本の角を〝千木〟といい、棟木の上に横たえて並べた円柱状のものを〝かつお木〟という。この〝千木〟と〝かつお木〟という日本語がどうしてもわからないし、なぜ、どうして屋根に飾りつけているのか、質問されても答える知恵をもっていなかった。

日本語には、意味の解明し難い名称がある。これは、過去において現代とは直接的なつながりをもたない文化が合流した、複合文化の証明でもある。数においても「ひい・ふう・みい……」と「いち、に い・さん……」の二通りがあるように、いくつかの民族と文化の合流がなされてきたのが日本文化なので、日常生活にかかわりの浅い日本語があっても不思議ではない。が、私は、日本文化の複合する以前の原型を求めてみようと思い、稲作文化の発祥の地ともいえる中国東南部の江南地方や雲南地方のいろいろな民族を訪れてみた。

②門に鳥が止まって鳥居

雲南高地の南麓に、アカ族と呼ばれる民族がいる。村を訪れると、必ずといっていいほど門があった。その門の笠木の上に、鳥の木偶が置いてある。

村人たちは、目に見えない精霊の存在を信じていた。空中を自由に飛ぶ鳥は、精霊ののりものであり、使者であると信じている彼らは、村の入口の門まで鳥が精霊を連れてくるものと思っている。だから、門の笠木の上に、守護霊の使者である鳥の木偶を置くことによって、守護霊が村に入り、悪霊は村に侵入できないものと思っていた。結局、村の入口にある門は、村の守護霊を連れてきた鳥が止まるために、笠木をつけているのである。

村人たちは、稲の種籾を蒔《ま》く前の四月に、必ず門を建てかえる。そのことによって、守護霊が門から村の中に入り、家や穀倉の中にある期間宿るものと思われている。だから、村人がその間に豊作祈願の祭りを催し、ブランコに乗って空中をゆれると、精霊が喜んで一層稲の実りがよくなるという。

日本の神社の入口の門には鳥の木偶はない。しかし、はるか二千年も昔には、アカ族の村の門と同じ発想があったものと思われる。さもなければ、二本の柱を建てた上に笠木を載せる必要はないし、神社の前の門を鳥居などと呼ぶ必要もない。アカ族の守護霊は村の中のどこにでもいるが、日本人の守護霊は特定の場所、すなわち、神社にいると想定されているので、門が村のためのものではなく、神社だけのものになっている。しかし、古代においては、アカ族と同じように門は村の入口にあったものと思われる。

とにかく、神社の入口にある門の笠木は、神ののりものである鳥が止まって居るところであったと思えば、〝鳥居〟という名称がよく理解できる。

③千木とかつお木の由来

神社の屋根にとってつけたような〝千木〟や〝かつお木〟が何のためにあるのか、どう説明されても理解できなかったが、雲南高地の南部に住む、タイ族やアカ族の高床式入母屋造りの茅ぶき屋根を見て、その存在理由が確認できた。

日本で〝千木〟と呼ばれる二本の角が屋根の切妻から突き出しているのは、屋根の両側の妻を風から守るため、補強用として両側から固定した丸竹が棟で交差し、反対側に屋根から出ている部分である。それは短いよりやや長い方が、棟押さえを固定するために便利である。

〝かつお木〟と呼ばれるものは両側の屋根を棟まで葺《ふ》きあげ、雨もりがしないように棟から両側に橋渡しをした茅を押さえる二本の竹、すなわち棟押さえを固定するため、棟に突き差した横木なのである。千木もかつお木も、茅ぶき屋根を補強するためには、なくてはならないものであり、もし、それらがなければ、屋根は風雨に弱く、一度の嵐で屋根の茅が吹き飛ばされてしまう。

日本の神社の屋根にある千木やかつお木は、今日では棟飾りの一つで意味がはっきりしないが、はるか昔の先祖たちが、建物にその必要性を認め、固執した名残であり、社会環境が変化し、自分たちの住む家を変形したとしても、神の宿る家だけには、祖先崇拝の象徴として残し続けてきたものにちがいない。ということは、日本の先祖は、雲南地方の農耕民と同じような稲作農耕文化を共有していたことになる。

④稲作農耕民の象徴

雲南地方の住居は、高床式入母屋造りである。家が高床になった理由は、雨がよく降る、湿地帯、蛇や野獣がいる、ねずみが多いなど、高温湿潤地帯の要因が考えられる。静岡県の登呂遺跡には、四本柱の高床式切妻造りの穀倉を復元しているが、湿地帯で水稲栽培を営む人々には、高床式住居の方が土間式住居よりも快適に生活できたと思われる。

高床式家屋の場合、まず人間が空中に居ることのできる床を作らなければならない。次には、風雨に強い屋根を作る必要がある。そのためには、風雨の抵抗の少ない、より低く、効果的な屋根が望ましい。そこで、四方に屋根をつけると風雨に強く、床の面積を最大に使用できることから、入母屋造りが考案された。

雲南地方の穀倉はたいてい高床式切妻造りで、住居は高床式入母屋造りであるが、屋根が板や瓦である場合は、千木もかつお木もなかった。ということは、屋根を茅もしくはわらでふかない限り、千木もかつお木も不要なわけである。現代の日本の家にも、それらは必要のないものである。

日本人の日常生活にはかかわりの薄くなった出雲大社や伊勢神宮など、多くの神社に、高床式切妻造りの社があって、その屋根にかつお木や千木があるのだが、この家造りの型は、そっくりそのまま、雲南地方の稲作農耕民が今も続けている。

神社の鳥居も千木、かつお木、高床式切妻造りの社も、かつて、日本の古代人が日常生活に使っていたものの名残であり、稲作農耕民の象徴なのである。中国大陸の江南地方から移住した雲南地方の稲作農耕民の生活文化と日本文化を重ねてみると、かなり重複する部分がある。

(2) 日本人と自然

人間が自然に適応して生きるために、考えだした生活の知恵が文化なら、文明はより快適に生きるために考えだされたものである。木に例えれば、日本の文化は日本人にとっては台木であり、近代文明は接ぎ木された枝葉である。

①感情豊かな日本人

日本は世界の中で最も自然の豊かな国の一つである。それは、工業的天然資源という意味ではなく、人間が生きるのに必要な食物を生産する条件が満たされているということであり、自然の復元力が強いという意味である。

豊かな自然の中で、何千年間も生き続けた日本人の生活文化や風俗習慣は、自然に順応適応して生きるために考え、工夫された生活の知恵であった。だから、日本人の性格や文化や思考形態を知るためには、まず、日本の自然を知ることが大切であり、机上論的に欧米やアジア諸国と比較しても、容易に理解することはできない。あえて理論的に比較しようとするならば、どちらかに優劣をつけてしまうことになる。

日本人の誰しもが、四季を知っているだろう。春になれば、生命の喜びを感じ、秋になればなんとなく悲しくなる。それは、人間の力ではどうにも仕難い自然の力によって、感情豊かな人間にさせられた結果である。日本人は、それを誰に向かって恨むことも、文明の利器によって変えることもできない。

②自然から生まれる文化

我々の周囲にあるすべてに目を向けて見よう。どれ一つ取り上げても、日本でできたものは、日本の自然とかかわりがある。民具・工芸・家・衣服・美術・思考方法・神話・物語・民謡・祭り・儀式・風習・食料・飲料など……。

日本の自然にかかわりのないものは、外国から輸入したものである。また動植物においても、日本人の生活に何らかのかかわりがあったものには、必ず名前がつけられている。

日本人の思考が複雑で、控えめなのは、日本の自然が複雑すぎ、そして、豊かすぎるからである。乾燥地帯や砂漠の中で生きる人々の思考は目的的で、自己主張が強い。それは自然が単純で貧しいからである。だから自然条件を無視して、いくら科学的理論によって比較しても、他国の文化を理解することは困難である。まず、自分たちの自然をよく理解し、自分たちの文化の成り立ちを理解することによって、他の自然条件から発祥した文化を理解することができる。

③生活サイクルの必要条件

日本の文化である華道も、茶道も、禅も、俳句も、その真髄は共通している。知識を得た日本人が自然と共に生きる喜びを知る手段として考えだしたものであって、単なる行為のためにあるのではない。

今日の日本では、すべてに関して目的を忘れ、手段のみにとらわれている傾向があり、その手段を、より工夫するところに快感を覚えるような、異常な状態になっている。

例えば、野外で活動することだが、野外で身体を動かすことが何のためかを忘れ、野外で活動することそのものの熟練者にならんとすることが目的とされかけていることである。

我々は、スポーツのために野外で運動するのではなく、健康のためというよりも、生活サイクルの必要条件として野外で運動するのである。だから、スポーツ名などなくても、ルールがなくても、時間競争をしなくても、適当に全身を動かすだけでよい。

人間が全身を活動させて汗をかくことは、スポーツのために必要なのではなく、自然の状態で日常生活を、スムーズに、快適に過ごすためである。

現在の野外での活動は、スポーツだとか、レジャーと呼ばれて、時間や順位やルールを競って、スポーツのために、レジャーのために全身を動かしているような錯覚にとらわれがちである。だから、華道のために花をいけ、茶道のためにお茶をたてるような形式ばかりが目につきやすく、人間が生活するための必要条件としての要素が隠されてしまっているので、何をしても納得いかないし、なんでもかんでもやってみなければわからないと、日々これ多忙に追われている。

今、日本では、すべてが塾の時代だともいわれているが、それは、物事の真髄を知らずに、手段のみを学ぼうとするからである。手段では食の糧は得られても、生きる喜びの糧は得られない。

④文化の再発見

日本は明治時代以来外来語を取り入れて、その言葉のもつ意味やニュアンスを理解することなく、翻訳言葉と行為のみが普及した。特に自然に順応して考えだされた歴史的過程を知らずして、理論的華やかさや現象のみによって優劣をつけてきた。そのため、自分たちの大地に根を下した土着性をなおざりにしがちで、外来の自分たちと異なったものをうのみにしてきた。だから、外来語を通じての翻訳文化と自分たちの現実の社会生活が必ずしも一致していない。翻訳文化は他の自然条件から創られたものであり、現実の生活は、日本の自然条件によって培われたものである。

特に、第二次世界大戦に負けて以来、日本は土着性の衰退が激しく、まるで橘の台木に接ぎ木した温州みかんのように、根と葉の種類の違うみかんの木ができたような状態である。だから時々、接着部分で違和感を覚えて不安な状態になることがある。

自然は人間に無視されても、認識されてもその存在には変わりない。しかし、人間は自然を認識していないと生命の糧（生きる喜び）を失う。自然の豊かな日本で、人々はそれを日常茶飯事として知っていたはずだが、今は忘れがちになって、接ぎ木の接点や葉の茂りばかりを気にしているようである。

明治以来忘れがちになっていた、日本の自然が日本人にもたらした文化・文明・風俗・習慣・その他諸々の文芸をひっくるめて、台木である根の部分をよく理解し、現代との接点を一層強くするときがやってきた。

すなわち、よい意味での文芸復興期であり、巨大な近代文明と日本の自然から培われた文化を土台にした独自性の発芽と育成期になったといえる。

(3) 稲に育まれた感性

①米は稲の実

ウルグアイ・ラウンドによって、〝米〟がよく話題にのぼっている昨今であるが、単に生産者と消費者の関係でしかなく、大切な人の心を育む教育的なことが無視されている。それに、日本の農民が栽培している作物は〝稲〟で、米はその実なのである。

稲は千数百年もの長い間にわたって日本人を束ね、文化を育み、食生活を豊かにし続けてきた。極論すれば、稲が日本人たらしめてきたともいえる。その実である米は、単に主食というだけではなく、食生活や風習、価値観などにも大きな影響力をもっていた。日本では米や麦、粟、稗、豆などの五穀が食べられてきたが、古くから米を頂点とする文化体系が組まれていた。また、七世紀末に日本が建国されて以来、税としての米や貨幣米として国家に管理されてもいた。

稲のような一つの栽培植物によって、民族がほぼ統一されてきた国は、日本以外に世界中どこにもない。だから、そのことを具体的に説明しない限り、他国の人々に日本文化の成り立ちや、日本人と稲とのかかわりを理解させることはできない。特に、多民族、多文化国家で、米を食料品としか考えることのできないアメリカ人には理解され難いことである。

②日本の稲作文化

日本は南北に長い列島国で雨が多い。厭地性の少ない稲は、その日本の自然環境によく適応し、何百、何千年間も同じ田圃で栽培され続けてきた。

稲は多年草であるが、毎年定期的に植えては刈り取るので、日本人にとって最も身近にある植物であった。そして、稲作農業の生産過程の種籾、代掻、苗代、早苗、田植え、青田、黄金色の稲穂、稲刈り、稲架け、脱穀、わらぐろ（わらにお）、切り株田などの仕事や風景は、季節感や自然を具体的に教えてくれ、一年という時の流れを伝えてくれた。

また、稲の豊作を願い、病害虫を恐れ、収穫を神に感謝することによって予祝行事や祭り、年中行事などが発生し、今日まで続けられてきた。

主食である米は、炊いたり蒸したりして食べるだけではなく、餅、団子、せんべいなどにして食べたり、酒、焼酎、酢などの原料にもなった。そればかりか、抽象的な精神世界にまで影響し、価値観、生活態度、思想、行儀作法などにもかかわりがあり、神祭りとしても貴重なものであった。

稲わらでは、莚《むしろ》、ふご、草履、わらじ、わら沓、俵、わら縄、わら帚、畳など、多くのものが作られてきた。しかし、今、日本には使えるわらがない。日本人の生活に今でも大変重要な畳は、コンバインで短く切断する日本の稲わらが使えないので、韓国や台湾、中国のものを輸入している。

稲は、単なる農作物ではなく、自然と共に生きてきた日本人に喜びや悲しみ、恐れや希望、季節やふるさとなどを与えてくれる付加価値もあったが、今では、米が単に食料として用いられるだけのようになってきている。日本人にとって、稲の存在価値が二分の一にも三分の一にも減少しているのである。

③農業は人づくりの原点

人間は、古代より食べ物を採ったり、栽培したり、保存したり、料理したりすることによって、自分たちの文化を伝える機会と場としてきた。つまり、農業は食料を生産するだけではなく、生命あるものを育み、食べることによって感性をも培う人づくりの現場であった。その理念は、工業化が進んだ現代でも、多くの国、特に伝統を重んじるヨーロッパ諸国の人々にはまだ忘れられていない。しかし、経済的効率中心のアメリカ型の工業化を重視した戦後の日本は、農業を食料生産の手段とし、稲を米のなる草と化してきた。

昔も今も、そしてこれからも、青少年教育にとって、農業は直接体験によって、創造力や活力を培う社会教育の現場であり、学校は、疑似体験や間接情報によって知識や技能を身につけるところであることに変わりはない。そして、稲作農業の社会目的は①国土保全②国民育成③食糧生産などであることを忘れてはならない。

もし、日本の農林水産業が人づくりの原点であることを忘れたら、社会の後継者を失い、よい政策立案者を失って、日本は徐々に内部から衰退していくだろう。

今後、いかなる高度な文明社会になったとしても、豊かさやゆとりはものや金だけでは成り立たない。これからも、農林水産業の生活者のような、自然と共に生きる心得が必要なのである。

（4）稲作文化としての新嘗祭

①穀霊への感謝

三十数年前までは稲作が盛んで〝瑞穂国〟と美称されていた日本で、平成二年一一月二三日夕刻から二四日未明にかけて大嘗祭が行われる。大嘗祭は、新天皇が即位後、初めて行う新しい穀物（米）を食べる新嘗の儀式のことであり、毎年行われている新嘗祭は稲作文化の一つである。

瑞穂の国であった日本の基層文化は、なんといっても稲作文化である。たとえ日本が工業国になったとしても、日本人のアイデンティティーは、今もまだ稲作文化なのである。そのことを認識せずして新嘗祭はありえないし、日本人の共通した心のふるさとは存在しない。

稲は、日本の温暖な気候によく合い、厭地性が弱いために、同じ水田で、何百何千年間も栽培し続けることができた。その数千年の過程において、自然現象や作物に感謝と畏敬の念をもつようになった。特に主食の穀物となった米は、単なる食物ではなく、〝生活〟の一部であり、ものの価値基準ともなり、穀霊の存在すら信じられるようになって、祭りや年中行事などを通して、精神世界にまで大きな影響をもつようになった。それ故に、稲作は、日本人の心であり、ふるさとであり、生活の仕方や考え方である基層文化そのものとなった。

社会は、まず〝人〟ありきであるが、人はより多くの人と共通した風習や伝統・言葉などの文化を心の拠り所、アイデンティティーとするものである。これまでの日本人の心の拠り所は自然と共に生きる心得であった。その共通の心得が道徳心なのである。

北半球の宿命として、太陽が遠ざかって夜が一番長くて寒い冬至がある。その頃、稲は籾となって休眠期に入る。古代の稲作農耕民たちは、籾の再生能力がなくなることを心配したのか、冬至近くの旧暦一一月の中の卯の日に、先祖の霊を祭り、収穫を感謝し、籾に宿る霊に活力を注ぎ込むための儀式を行った。それが新嘗祭の起こりなのだといわれている。

新嘗祭に類似した祭りは、北半球の農民の大半が行っていた。特に、穀霊信仰の強い東南アジア北部から東南中国にかけての稲作農耕民にはその傾向が強く、苗族や侗族・タイ族などには今も見られる。

南中国の苗族は旧暦六月（七月の地方もある）中旬の卯の日に、〝吃新附〟と呼ばれる新嘗祭を行う。当日の早朝に主人が田圃に赴き、稲穂を九本抜き取ってくる。その初穂を祖霊の祭壇に供えたあと、あらかじめ準備しておいた糯米の上にその未熟な籾を置いて蒸す。できあがると、それを混ぜて茶碗に盛り祖霊に供えて線香をたき、感謝を捧げ、豊作や一家の無病息災を祈ってから、家族がそろって食べる。

②自然発生的な儀式

日本でも、本来は、その儀式を各家や村で行っていたようであるが、七世紀頃に大和朝廷が日本を統一してからは、天皇が農耕民を代表するかのように、天神・地祇に新穀を奉げて共食する新嘗の儀式を行うようになったといわれている。

その悠久の政策によって、日本の稲作文化の原点が皇室に残ったようである。天皇家は、稲の種の保存と、栽培技術の向上や普及を義務とされ、日本民族の食料が毎年得られるための精神的手段として、新嘗の儀式を今日まで千三百年以上も続けざるを得なかったのかもしれない。

その儀式こそが、日本の農耕民族を束ねる権威であり、稲作文化の基本であり、自然への畏敬の念であった。それらは、稲作農耕民にとっては自然発生的な心得であり、宗教的な作為はあまり強くなかったものと思われる。だからこそ、時代を越えて続けてこられたのだろう。

日本国が世界で最も豊かな工業国に発展し、自然と共に生きる知恵である稲作文化を必要としないのなら、新嘗の儀式はもう意味をなさない。ましてや、自然への畏敬の念を忘れて米を単なる食料とするなら、食料は武器に勝る戦略物資なので、簡単に自由化はできない。しかし、米を基層文化とする国民の共通意識・コンセンサスが得られているならば、自由化を恐れることはない。

六二年振りに行われた大嘗祭のある平成二年は、千数百年もかけて培ってきた稲作文化である新嘗祭について、主義思想や宗教にこだわることなく、その本質を謙虚な気持ちで考えてみることが必要だ。

（5）天皇即位に必要な大嘗祭

①稲作による生活文化

稲は多年草だが、毎年定期的に苗を植えては刈り取るので、日本人にとって最も身近にある植物であった。そして、稲作農業の過程の風景や仕事から、巡りめく季節感や年中行事、祭りなどが発生し、今日もまだ続けられている。

米は稲草の実であるが、稲のような一つの栽培植物によって、千年以上もの長い間、民族がほぼ統一されてきた民族国家は、日本以外にはない。極論すれば、稲が日本人の生活文化を豊かにし、日本人たらしめてきたともいえる。その日本の生活文化の成り立ちや、日本人と稲とのかかわりによって支え続けられてきたのが天皇と呼ばれる統合機関である。

②祖霊信仰と天皇

稲作農耕民たちは「人は死ねばごみ（土）になる」という唯物論的な考えではなく、神にもなり得るという唯心論的な考えを培って、古代から六〇年以上も生きた長寿の親が亡くなった後、子孫は、その徳と生命力を慕い、あやかろうとした。

特に、稲を栽培する際の天災や病害虫、水不足などに悩み、苦しみに耐えがたいとき、子孫たちは先祖霊を呼び、助けを求めた。日本では、祖霊を祀る行為を「先祖祭」と呼んでいる。最も一般的なのが、正月と盆の祖霊祭。稲作農耕民は、こうした祖霊をいつしか「神」と崇めるようになり、祖霊信仰という社会形態が組織化された。

神の発生にはいろいろあるが、我々が困ったとき、人が自身を超越するもの、不可視なものの存在に気づくこと、人を取り巻く自然現象など、神の所産とする概念は原始時代に発生している。また、人間の共同体の始原者、主宰者または保護者であるものを、神と考えることに始まるとされている。その延長が、日本民族の始祖であるとされている天照大神であり、その流れを汲むとされているのが天皇だと考えられている。

③天皇即位と大嘗祭

祖霊信仰の考え方では先祖の霊は不滅の存在であり、その一部がものや人に宿っている間は、そのものや人に生命があると思われていた。

日本の天皇は、ごく普通の日本人にとっては先祖霊の依り代で、政治的権力者としての立場だけではなく、日本古来の民間信仰である天照大神への尊崇を中心とする、民族的象徴であり、親のような存在である。

神道における天照大神は、皇室の祖神と仰がれ、伊勢神宮のご神体である。だから、天皇としての人間は亡くなるが、社会統制機関としての依り代である天皇は、死ぬことなく遺伝子のように継続し続ける。そして、天皇に即位する人が代われば時世も変わる。

天皇が即位後、初めて行う新嘗祭（新穀―米―を中心に食べる祭り）を、大嘗祭と呼ぶのだが、天皇に即位するために欠かすことのできない天神・地祇と新穀を共食する儀式である。

大嘗祭は、あらかじめ吉凶を占って選ばれた水田、古代日本の中心地であった奈良や京都から東の悠紀田、西の主基田で稲を作らせ、神饌のための米を本納させて行われた。

一人の人間が、天皇に即位するために欠かすことの出来なかった「大嘗祭」は、稲作農耕民にとっては、先祖神・祖霊神としての新しい天皇を迎える祭礼であり、氏子としての務めを果たす象徴的儀礼でもあった。

④日本を家族化した大嘗祭

大嘗祭が始まったのは、紀元六七三年に即位した第四一代の天武天皇の時代で、その次の第四二代の持統天皇によって確立されたとされている。しかし、その後武士階級の胎動によってうやむやになったときもあったようだが、これまでに数多くの天皇が即位して大嘗祭が行われ続けてきた。

新しい天皇が即位するための大嘗祭に、東西の二か所から米を奉納した地域は、天皇とは家族関係というより、天皇の子、赤子、氏子となることが暗黙のうらに了承されていた。

平成の今上陛下は、第一二五代目なので、八十数代もの天皇が大嘗祭をしたことになる。そのたびに東西の二か所から米が奉納されたので、単純に計算しても一六〇カ所以上の地域が、天皇の子、氏子になっている。そのため、日本国のほぼ全域が形式的には家族のようになっている。どんな知恵者が考案したのか、大嘗祭は世界に例のない、民族統合を促す悠久の戦略的制度である。

大嘗祭によって即位する天皇は、稲作農耕民にとっては親であり、先祖であり、祖霊神でもある。そうした考えが、工業化した今日の日本国に住む人々の心の底にも、まだ遺伝子のごとく潜んでいる。

〝大和人　お天道様と　共にあり　初穂を捧げ　歌い踊らん〟

（6）文化戦争と教育

①文化戦争とは

世界の多くの民族や国家が、社会の後継者である青少年の教育に熱心だったのは、独自の文化を守り、伝承するために必要な課題だったからである。

社会にとって大事なことは、共通の言葉や風習、価値観や規範をもつことである。そして、それらの公的側面の強い文化を守るために大変多くの戦いが繰り返されてきた。一般的に戦争といえば武器による悲惨な状態を思うし、今日的には文明の利器による経済戦争を連想することだろう。しかし、古代から変わりなく、最も日常的に繰り返されてきたのは文化戦争である。経済戦争や武器戦争は、より具体的、直接的であるが、負けても再び立ち上がる機会がある。ところが文化戦争に負ければ併合または社会の衰退があるのみだ。社会にとって最も破壊的なのは文化戦争であるのに、個人にとっては、耐え難きを耐え、忍び難きを忍べば、時が多くのことを癒やしてくれるので被害意識はそれほど強くない。

これまでの日本は、周囲を海に囲まれ、単一民族に近い社会を営んできたので、文化戦争を意識する必要はなかった。しかし、この三、四〇年の間に国際化の波が押し寄せ、諸外国の人々や言葉、風習、行事や情報など異文化が身近にあふれている。まさしく、未経験の文化戦争を強いられているのだが、多くの日本人はそのことを認知せず、国際化、価値観の多様化という名のもとに気安く受け入れている。

そして、すでに、日本人同士で共通性の少ない不安定な異文化社会を形成している。

②社会に重要な文化

文化と呼ばれるものには、社会の基層と表層をなす二種がある。

基層文化は、自然環境に順応して社会生活を営むのに必要な基本的能力（野外文化）で、地域性が強く、親から子、子から孫へと伝承されるものである。例えば、衣食住や安全、衛生などに関する観念・言葉や風習、心身の鍛練などである。これらを共有しないことには意思伝達が十分でなく、社会の一員になり難いので、伝承の必要性が高い。

表層文化は、人類に共通する感性によって培われて発展し、生活にうるおいをもたらすもので、芸能・音楽・文学・美術・工芸などがある。これらは個人的かつ流動的であり、主義・思想・宗教・民族などを越えて画一化されやすいので、公的な伝承の必要性は低い。

人間が社会を営むのは、生命の安全と生活の安定を守るのが目的であって、文化伝承のためではない。しかし、社会人に必要な基層文化は、その目的に直結した重要な文化で、守り伝えてゆくものとされている。

③文化的敗北主義

日本は今から四七年前に武器戦争に負けたが、文化戦争に負けたわけではなかった。ところが、今日になって、多くの人が文化戦争にも負けつつあることを痛感させられている。

日本は、これまでに民族の存亡をかける文化戦争を体験していなかったので、人々は文化の独自性と重要性を認識していない。それは、奈良、平安時代の千年以上も昔に、中国大陸や朝鮮半島から多くの文化、文明を取り入れ、長い年月をかけて自然に日本文化を形成したからである。そのため、独自の文化を守り伝えるよりも、外来のものを気軽く受け入れる進取の心を大事にした。それが明治時代以後の西洋化に成功する要因でもあった。

海に囲まれた列島国に住む日本人は、もともと民族の主体性を必要としなかったので、強いもの、よいものには弱く、なりふりかまわず追随することに大きな抵抗はなかった。その日本がアメリカとの武器戦争に負け、自分たちの弱かったこと、遅れていたことを、まるで文化戦争にも敗北したかのように懺悔し、すべてのことを変えようとした。そのため、アメリカ的な文化、文明を盲目的に受け入れ、社会の変えてはいけない、変わらないであろう基層文化までもかなぐりすてて、文化的敗北主義の道を進んできた。その結果が、バブル経済を仕組み、基本的能力未発達性症候群の青少年を輩出する、知識偏重教育を生み出す要因となっている。

④教育の改革

社会のすべては人がなすことなので、よりよい社会人を育成することがすべてに勝る政策である。それは理想的な民主主義教育がなおざりがちにしてきた、社会人に必要な基本的能力の養成と生活文化の伝承をする野外文化教育によってなされる。

文化戦争に負けつつある日本の教育改革は、遅ればせながら生活科や学校週五日制などによって今やっとなされようとしている。ところが、そのことに気づかない知識者たちが学力の低下を来すと反対している。しかしこれからは、社会人に必要な言葉や風習、価値観や規範など、日常生活に必要な生活文化の共有こそ、国民の重要な心得とすべきである。

（7）日本語の二通りの数え方

日本人は、〝いち、にい、さん〟と〝ひい、ふう、みい〟の二通りの数え方を使いわけたことにより、日本人特有の感情や考え方を培わせたのではあるまいか…。

①言葉の使いわけ

日本には古くから数の数え方が二通りあるが、この理由についてはまだ十分解明されてはいない。

日本人が現在学校で習う一から十までの数の数え方は〝いち、にい、さん、しい、ごう、ろく、しち、はち、きゅう（くう）、じゅう〟であるが、日常の会話ではもう一つの数え方がある。

〝ひい、ふう、みい、よう、いつ、むう、なな、や、ここ（ここの）、とお〟

子どもの伝承遊びなどでは、むしろこちらの数え方が多いし、文化的には幅の広い活用がなされている。

どちらが古くて、どちらが新しいのかはっきりしないが、和語とされている〝ひい、ふう、みい〟の数え方が古いような気がする。

一つの民族が、日常最もよく使われる言葉で、社会生活に大変重要な基礎語彙の数詞を自然に二通り使用するはずがないのだが、日本人があえて今日まで使い続けてきたのは、記録のはっきりしないはるか昔に、二つの民族が政治的に統合されたかどちらかが支配されたのか、さもなければ強い政治権力によって統制されたかである。しかし、自然と共に生きる民族の文化は他民族の借用語になじみにくく、武力や権力ではなかなか変えることのできないものである。例えば、今日のインドのように、一〇〇年以上も植民地となり、支配者の言葉である英語を公用語とし、独立後四〇年間もそうしているのだが、今も土着語が一五以上使われている。もしかすると、〝ひい、ふう、みい〟の数え方が、日本土着の言葉なのかもしれない。

②商業的と農耕的な数詞

二十数年来、中央アジアから東に住むモンゴロイドの諸民族を踏査し、数の数え方を聞き書きしてきたが、〝ひい、ふう、みい〟に類似した発音はどこにもなかった。その反面、〝いち、にい、さん〟の方は、チベット系諸民族の発音〝チーク、ニー、ソム、シー、ンガ、ツーク、ヅン、ゲ、グ、チュー〟によく似ているし、中国語の〝イ、アル、サン、ス、ウ、リウ、チー、パー、チウ、シイ〟にも類似している。

とすると、〝いち、にい、さん〟の方が新しく、飛鳥または奈良時代に仏教文化の一つとして漢字と共に渡来したのかもしれない。ということは、二民族の統合ではなく、仏教文化を普及させようとする政治力によって統制された公用語の徹底ということになる。そのせいか、〝いち、にい、さん〟は学問的には漢語系の言葉だともいわれている。なんとなく感覚的に〝いち、にい、さん〟の数え方よりも、〝ひい、ふう、みい〟の数え方の方が庶民的で日本の生活文化になじんでいるし、応用が広くなされていることは事実である。

ものの数や重量など、近代的経済感覚を必要とする数え方はどうしても〝いち、にい、さん〟、〝いっこ、にこ、さんこ〟または〝いちキロ、にキロ、さんキロ〟であり、〝いっぽん、にほん、さんぼん〟の方がぴったりしているが、物事を大まかに、しかも単位など必要としないような数え方は、〝ひい、ふう、みい〟〝ひとつ、ふたつ、みっつ〟といった方がなんとなく使いやすい。

実際に数えてみると、〝いち、にい、さん〟の方は、リズミカルで、自然にかかわりなく積極的に生きようとする乾燥地帯の生活観を感じさせるが、〝ひい、ふう、みい〟の方は、うららかな春のようにのんびりしており、有機的なうるおいのある緑の大地と共に生きる農耕民の営みが感じられる。

③漢字の複雑な発音

日本人が常用する漢字にも、呉音、漢音、唐音、慣用音の四つの発音がある。日本では古くからこれらの発音をごちゃまぜに使ってきたので、読み方が大変複雑である。

例えば、〝一〟を漢音で〝イッ〟、呉音で〝イチ〟、〝二〟を漢音で〝ジ〟、呉音で〝ニ〟、〝三〟を漢音と呉音で〝サン〟と発音する。とすると、イチ、ニ、サンは漢音ではなく呉音である。

〝反〟は漢音で〝フン〟、呉音で〝ブン〟、慣用音で〝ブ〟、〝石〟は漢音で〝イシ〟、呉音で〝シャク〟、慣用音〝コク〟、〝灯〟は漢音で〝テイ〟、呉音で〝チョウ〟、唐音で、〝チン〟、〝行〟は漢音で、〝コウ〟、呉音で〝ギョウ〟、唐音で〝アン〟と発音すると「広辞苑」に書いている。

それでは、今日の中華人民共和国で数の数え方はどのような発音になっているのか、私が現地で聞いた発音通りにカタカナで記してみると次のようになる。

北京ではイー、アー、サン、スー、ウォー、リョー、チェ、パー、チュー、スー
武漢ではイー、アー、サン、スー、ウー、リュウ、チー、パー、キュー、スー
西安ではイ、アール、サン、スー、ウー、リョ、チイ、バ、ジュウ、シ
上海ではイェ、ニ、セイ、スー、ンー、ロ、チェ、パ、チュー、サ
福建省ではエイ、ネイ、サン、セイ、ウゴ、リュ、ツェイ、パイ、カオ、セイ
広東省ではヤッ、イ、サム、セイ、ウ、ロ、チャッ、バー、ガウ、サッ

中国各地で数詞の数え方がかなり違うのである。だから、日本語のいち、に、さんの発音が、千年以上も前に中国大陸から伝来したものだとしても、それはすでに日本語なのであって、中国語ではないのである。

民族戦争の絶えない大陸では、支配民族がたえず代わるので、使用する言葉も変化する。だから、現在、百年前、五百年前、八百年前、千年前の中国はいずれも同じ国ではなく、今の中華人民共和国である中国は、二百年や五百年前の中国ではないのである。

日本は大きな民族戦争がなかったので、千数百年前に使われた言葉が、少々変化はあってもほぼ同じ型で今も使われており、千年前の日本と今の日本がほぼ同じという大変珍らしい民族社会なのである。

④和語の数え方

〝いち、にい、さん〟の数え方は、今日の日本人なら誰もが知っていることなので説明を必要としないが、〝ひい、ふう、みい〟の方は少々説明しないと、若い世代の人には理解できないのではないかと

思われる。

ちなみに、二十、二十歳、二十年をなんと発音するか、若い者で知っている人は少ないだろう。二十は〝はた〟、二十歳は〝はたち〟、二十年は〝はたとせ〟である。

三十を〝みそ〟といい、三十歳を〝みそじ〟という。これは実際には三十路と書いて〝そじ〟というのだが、四十歳〝よそじ〟、五十歳〝いそじ〟、六十歳〝むそじ〟、七十歳〝ななそじ〟、八十歳〝やそじ〟のように、年齢を意味する言葉になっている。九十は〝ここのそじ〟というので、これで年齢を意味するが、百は〝もも〟で、百歳は百年と同じ発音で〝ももとせ〟ということになっている。

三十の〝みそ〟はいろいろ使われており、三十日を〝みそか〟と呼び、月の末日を意味する言葉である。だから〝みそかそば〟といえば、月末を祝って食べるそばであり、〝みそか払い〟といえば月末払いという意味である。また、一年には〝三十日《みそか》〟が一二回あり、最後のみそかは〝大晦日《おおみそか》〟、一般的には大晦日と書くことになっている。

七七日と書いて〝なななのか〟と発音するのだが、これは仏教用語の四十九日のことである。

それでは、十一、十二などはなんと発音するのか突然尋ねられると大半の日本人が困ってしまう。和語の数え方は、両手両足の指を全部使う二十進法であったようである。

十一は〝とおあまりひとつ〟、十二は〝とおあまりふたつ〟、十七は〝とうまりななつ〟となり、あまりの〝あ〟を抜かして発音する。二一日は〝はつかあまりひとひ〟、二四年は〝はたあまりよねん〟、三二歳は〝みそちあまりふたつ〟、一一〇歳は〝ももちまりとう〟と〝あ〟を抜いて発音する。

〝あまり〟という日本語を広辞苑などで調べると「数詞について、さらに余分のあることを示す。一

○以上の数を表す場合には、数詞と数詞との間に入ることもある」と説明してある。

〝ひと、ふた、みー、よー、いつ、む、なな、や、ここ、とお〟とも発音するが、〝ひい、ふう、みい、よう、いつ、む、なな、や、この、とお〟ともいうし、〝ひとつ、ふたつ、みっつ、よっつ、いつつ、むっつ、ななつ、やっつ、ここのつ、とお〟と発音することもある。なんとなく未整理で未発達のようで使いにくい一面もある。使いやすさでは、十進法の漢語系とされている〝いち、に、さん〟の方がはるかに勝っている。しかし、日本文化には漢語系の数では表現しきれないものがある。この二種の数詞の発音が日本人にいろいろな感情や考え方を培わせたのではあるまいか…。

日本人が便利さだけを追求するのではなく、二通りの数の数え方を今日まで上手に使いわけてきたことは、経済的社会と自然と共に生きる定住農耕民としての文化的社会の二面性を培うのにも役立っていたのかもしれない。しかし、今日の日本人は〝ひい、ふう、みい〟の方を忘れがちであり、新人類といわれる人々には、なんのことかわからなくなりつつある。そして、欧米からの借用語であるカタカナが日常生活に氾濫して、基礎語彙すら不明になりつつある。

(8) カタカナ姓は異文化

日本の過去における帰化人が、数世代後に同化したのは、姓の日本化にあったものと思われる。

①日本人の姓は日本語

法務省が、カタカナ姓を実質的に許可したことは、昭和五八年七月一七日の新聞に大きく報道されていた。

〝キム、ワン、ス、ト、トン、オノン、ランバ、シャイザ、ボーロ、モーガン、モールス、エルゾーグ、ヴェント、ゴードン、トケイヤー、ウリアノフ、ベネディクト、ファニング、ハイメンドルフ、セミヨーノフ…〟

これからはこんな姓の日本人も現れることになるのだろうか。法務省は、昭和二三年に民事局長通達として〝帰化後の氏名については帰化者が自由に定められる〟としているか、今日まで、窓口指導として、日本人として日本人としてふさわしいものが望ましいことを伝えてきた。そのため、カタカナ姓はなかったというのだが…。

昭和二三年といえば、日本はアメリカ合衆国の支配下にあり、GHQがすべての実権を行使していた時代である。アメリカ合衆国は移民による多民族、多宗教の複合文化の社会で、世界中の諸民族の姓をもった人がおり、社会的統一はされていないが、表記する文字は同じ。

古来、日本列島に帰化した人々は多いが、いずれも日本人としてふさわしい姓に改めたので、その末裔はいつの間にか日本人になっている。過去において、国内外の多少の事情で強制した例もあったようだが、世界的な見地からすると成功した方ではないだろうか。

周囲を海に囲まれた日本は、長い間、自然的な民族居住区と人工的な行政区圏がほぼ同一した社会を維持してきたので、姓は日本語の一部となり、基本的文化ともなっている。

自然発生的な民族社会は、基本的な文化を共有する者の集団であるが、権力または経済力によって拘束された作為的な社会は別である。アメリカ合衆国は人工的複合文化社会の代表である。

②共通性と信頼社会

「どんな社会が理想ですか」

私はこれまでに訪れた世界一一一か国の多くの人々に質問した。

「信頼できる社会」

「人間が信じられる社会」

答えは、だいたい類似していたが、「豊かな社会」は少なかった。

たとえ非文明社会に住む人々でも、自分たちがそれほど貧しいとは思っていなかった。

日本人の多くは、社会に対する不信度が、多民族複合社会の人々よりも強くない。ところが、情報量が豊かなせいか、他人と比較する習慣のせいか、豊かさについての欲求度は他民族よりも強い。多民族または多宗教社会に生活する人々の意識は、まず自己防衛心が強い。そして、豊かさよりも平和に、安全に暮らせることを強く望んでいる。

社会の基本的文化の共通性の弱い人は、その社会の人々から好まれないのが一般的である。過去において、ユダヤ人が好まれなかった例は、個人主義的で、ユダヤの風習を主張したことによるものといわれている。また、社会意識の欠落が、多くの民族に猜疑心をもたせた原因にもなっている。ユダヤ人に知的に秀でた人が多いのは、個人主義的な能力主義によるものでもある。

民族戦争や宗教戦争のたえることのなかった大陸の人々は、一般的に社会と他人に対する不信の念が強く、自己防衛能力が培われているのだが、日本のように他民族の侵略がなく、大きな宗教戦争を知らない社会の人々は、一種の相互保障的な信頼社会を好み、画一的で、裏切りは御法度になりがちである。

定住農耕民型の温和な社会に慣れてきた日本人は、信頼と共通性を強く求める風習を培ってきたが、アメリカナイズが進み、高等な文明社会に発展した今日では、社会に対する信頼が弱まり、個人主義的で、営利主義のユダヤ商法に溺れかけている。

同一民族、同一言語を主張するわけではないが、社会を営むためには最も理想的であり、世界中の国家が望んでいることである。世界連邦を理想とするが、まだ道は遠い。もし世界が一つになったとしても、自然環境が変化しない限り、民族の基本的な文化まで統一することは不可能に近い。

③社会の基本的な文化

法務省は、国際化が進む中で、やむをえず原則自由の方針の再確認を迫られたというが、いかなる民族も、自然環境に依存の強い基本的な文化の変革を望まないし、自ずから好んで転換することのないのが一般的である。

日本以外の大陸の諸国は、やむをえず、多民族多文化の社会を営んでいる。これは、長い間の民族や部族闘争の結果、権力や政治力による人工的行政区画によって、国家を成立させたことによるものである。中国、インド、ソ連（現ロシア）、イラン、イラク、トルコ、ギリシャ、イタリア、スイス、フランス、スペイン、イギリスなど、歴史の古いどの国を例にしても、未だに民族闘争が続けられている。多民族、多宗教の異文化複合国家が、その社会的弊害を減少するための努力は、いかに文明が発展しても続けられる。

アメリカ合衆国はもとより、多くの国が、国家成立の当初から異民族の存在を認めざるを得ない内部事情により、やむをえず風習や言葉・苗字の多様化を認めているのだが、国際化のためではない。

社会を平和に安全に営むためには、生活するに必要な基層文化である言葉、風習、宗教、衣、食、住など、生活文化の共通性が望まれてきた。しかし、今日の高度な文明社会では、衣、食、住や風習、宗教などの共通性を重視する必要性は弱くなった。ところが、意志伝達に欠くことのできない言葉だけは、今もなお、絶対的な共通性が要求される基本的な文化なのである。

④日本の安全と活力のみなもと

同一民族と同一社会人とは必ずしも一致しないが、あらゆる面で国際化の進む中〝日本人〟という概念を少しゆるめて考える必要に迫られている。

〝日本人〟には、民族的日本人と社会的日本人の二種類がある。民族的日本人は、両親を日本人とした人であり、社会的日本人は、日本の基層文化としての生活文化を共有し、社会の義務と責任を果たす、日本在住の人である。

日本人の多くは、これまで民族的日本人のみを認めがちであったが、これからは、社会的日本人をも平等に認めることが望まれる。

科学技術が進んだ高度な文明社会では、物理的に世界は狭くなり、これまでになかった異民族間の文化共有の範囲が拡大されがちであるが、社会を営むのに必要な最低条件を無視するわけにはいかない。それは、同一社会人としての基本的な文化を共有することである。

日本は外部からの移民を奨励してきた国ではないし、これからもその必要性はないだろうが、やむをえず日本に住まなければならなかったり、本人が強く希望したりする場合などは条件の許す限り認可してもよい。ただし、日本の基本的な文化である日本語を話し、姓はなるべく共通したものにしてほしい。日本の過去における帰化人が、数世代後に同化してしまったのは、姓の日本化にあったものと思われる。もし、姓を異文化のままにしておけば、子々孫々にいたるまで外国人、異邦人の尾をひく。そうすれば、やがて多民族国家日本になり、民族闘争や宗教戦争が起こりやすく、内部衰退や分裂の可能性が高くなる。

〝一葉落ちて天下の秋を知る〟

将来を洞察することは困難であるが、カタカナ姓などの異文化の日本人が多くなることは、国際化のための理想とはいえない。

世界中どの国を訪れても、生活文化を共有する一億人以上の民が、平和に、安全に暮らしている社会は日本以外にない。日本の繁栄と安全と活力は、この一億数千万人の民が、同じ言葉で意思を通じ合い、共通の生活文化をもち、最後の踏ん張り合いが効くところにある。

（9）お正月の原点

お正月の年神様は大晦日に来臨し、願いごとを聞き届け、一月一五日の小正月、ドンド焼きの煙になってお帰りになる。

①年神様と門松

正月というのは太陰暦の第一の月の別称であり、中国大陸から移入された言葉であるが、日本から東南アジアにかけての稲作農耕民社会には、たいてい新年を祝う祭りがある。しかし、太陽暦になった今日の日本では、太陰暦よりも季節的に三〇日ほど早くなっているので、新春という意味がわかりにくい。日本古来の正月は、太陰暦（旧暦）の早春である年の始めにあたって、神霊の来臨を仰ぎ、その年の豊作を祈る、稲作儀礼が始まりとされている。この祖霊とも穀霊ともいわれる神霊を〝年神様〟または〝正月様〟と呼んでいる。

年神様を迎える準備として、まず、一二月中旬頃に家を清くする意味で〝煤払い〟をする。そして、中・下旬、遅くとも二七、八日頃までに、松を山へ切りに行く。これを〝松迎え〟というが、地方によっては〝正月様迎え〟ともいう。

門松は、海や山から来臨すると信じられている年神様の依り代なのである。門松は松の木とは限らず、シイやサカキ、ヒノキなど常緑樹が用いられるが、迎えられた木は大晦日までに立てられ、清浄な神域であることを示すため、しめ飾りをつける。そして、山の幸、海の幸と共に、必ず餅をついて供える。これは、これらと同じものを今年（来る年）も豊かにお恵み下さい、と祈る気持ちを表現したものである。

昔は、年神様を迎えるために、物忌みをして終夜起き明かすことになっていた。やがて、これが大晦日に、徹夜で神社におこもりして元旦を迎える〝年ごもり〟となる。そして、更に簡略化され、今日のように、元日の未明に参拝する初詣の風習となった。迎えられた年神様は、三が日の間、人間と同じように扱われ、ご飯や煮しめ、酒などを供えられる。いろいろな節の中で、最も大事な節である正月の、年神様に供えて食べる料理を〝おせち（つ）料理〟と呼称するようになったともいわれている。

②お年玉の由来

今日、正月三が日の訪問は、〝年始〟といわれているが、もともとは先祖祭りのための訪問だった。古来、一家一族の本家に集まって、迎えられた先祖の霊《たま》祭りに参加し、親や長老を祝う風習があったが、武家社会になって、元日を参賀日と定め、従属者に忠誠を誓わせるようになったといわれている。この風習が一層拡張して、遠くの親族、友人、知人にまで年始の挨拶をするようになったのが〝年賀状〟である。昔、先祖の霊祭りに供えられた米が〝トシダマ〟すなわち米の霊といわれていたという。万葉言葉で、米のことを〝トシ〟と呼んでいることは周知のことである。トシは、米だけでなく餅や握りめしを意味する言葉でもあり、一般に白い〝鏡餅〟が供えられるようになったとされている。トシダマは米霊《としたま》がなまったもので、現在〝年玉〟と表記されている。そのことは、餅を的にして矢を射ると、白鳥になって飛んだという説話からも理解できる。これは、日本から中国大陸の雲南地方にかけてある、鳥は神ののりものであるという精霊信仰と結びついたもので、白い餅が穀霊の象徴なのである。

一族の人々が参集し、このトシダマである餅を、海や山の幸と共に煮た吸い物の〝雑煮〟として食べたのは、神に供えた餅を皆で分け合って食べる〝直会《なおらい》〟であった。

敬語がついたお年玉は、年神様に供えられた米、もしくは餅が、一人ひとりに分け与えられる賜《たまもの》のことで、それを食べることによって生命力や活力を得ることができる、と思われていた。現在のお年玉は、目上の者からの贈り物となり、一般的にお金が使われている。年賀はがきの〝お年玉〟つきも、こうした風習からきたものである。

③東アジアの正月

欧米では一年の最も大事な節はクリスマスであるが、精霊信仰のある東アジアは正月である。だいたい正月はどこでも類似しているが、中国大陸では、〝かまど神〟の祭りが正月行事になっており、二十数日間も続く。日本の正月に去来する年神様に類似しているので、『世界大百科事典』（平凡社）を参考に、簡単に紹介する。

「各家のかまど神が一二月二三日に昇天し、玉皇大帝にその家の善悪と功過を報告する。そして、次年の吉凶禍福を授けられ、除夜に帰ってくる。家々では大晦日までに新しい神像を買い整え、かまどの近くに年画をはり、門や窓、壁などに〝福〟と書いた四角の紅紙をななめにところかまわずはる。

大晦日には、かまど神を歓迎するために終夜灯火を消すことなく、夜明けまで爆竹を鳴らす。この夜、正月用の晴れ着で、一家そろって先祖の位牌を礼拝する。終わると、幼年者から順に年越しの挨拶をする。このとき家長は、子女に紅い紙袋に入れた〝お年玉〟を渡す。

元日早々、まず祖先を拝し、かまど神を拝し、老父母を拝してから、男は親戚、友人へ年始にまわり、仏寺や道観に初詣をする。女は五日後からとされている。五日までは毎晩燭を点し、線香をたいて祈る。三が日のおせち料理は、主に餃子やパン、甘い菓子などだそうだ。

男たちは正月行事として、高脚踊り、竜灯踊り、獅子舞などをして爆竹を鳴らし、大変にぎやかな雰囲気である。

一月一五日は、日本の小正月のように、昨年の五穀豊穣を感謝し、今年の豊年を祈る祭りである。このときは、門前に五色の提灯を掲げ、爆竹を鳴らし、団子や果物を月神に供え、友人などを招いて春酒を酌み交わしたといわれている。しかし、現在の中国では、太陰暦の正月三が日だけである。」

私が現地で見聞した雲南地方のタイ族は、太陽暦の四月が正月であり、元日には男たちが訪れ合って酒を飲んで歌う。二日目は村対抗の龍船競争をし、三日目は身を清めるための水かけ祭りがあった。

タイ国北部の山岳民アカ族も、太陽暦の四月一〇日が元日である。アピュロと呼ばれる正月行事は五日間で、村人全員が飲み、食べ、歌い、踊り、精霊と共に遊び、戯れて大騒ぎすることによって、今年の豊年祈願をしていた。やはり去来する精霊を迎えての祭りだった。

④小正月の神送り

一月一五日は〝成人式〟となっているが、もともとは小正月と呼ばれる、稲作の豊年祈願が行われる日であり、年神様が帰る日である。

年神様は、蓑を着、笠をかぶり、杖をついているというのが、日本中だいたい同じである。これを具体的にしたのが、九州地方の〝田の神〟であり、秋田県の〝ナマハゲ〟や長野地方の〝カガシアゲ〟である。小正月には村の子どもや青年が、こうした年神様になって、物乞いしながら村々を見て歩く。

村人たちは、木の枝を半ばまで細長く、薄く削りかけ、花のようにちぢらせた〝削掛〟や、ヤナギまたはミズキなどの枝に小さな団子餅をいっぱいつけた餅花などを作って安置する。これは、このように沢山稲の花が咲いて、大きな稲穂になったということを象徴するものである。

また、多くの子どもたちが、各家からしめ飾りや門松などをもらい集め、一か所に集めて火をつける。これを〝ドンド焼き〟と呼び、正月の年神様は、この煙と共に帰っていく。子どもたちは、各家からもらった餅をこの火で焼き、煙が高く昇る様子を見ながら分け合って食べる。この体験は、心の中に永遠に燃え続けるふるさとの火である。

ドンド焼きは、火が音高くどんどん燃えて、年神様を元気よくどんどん送り返す子どもたちの、未来への熱い願いがこめられた名称なのだろう……。

(10) 日本の元旦の習わし

①元日の朝

二〇一七(平成二九)年元日の朝、東京は雲一つない、突き抜けるように澄み切った青空で、摂氏一二、三度と大変穏やかであった。

午前七時過ぎに起き、まずは神棚に手を合わせ、九時から近くの井草八幡宮へ、自転車で初詣。すでに七、八〇〇人が列をなしていたので、三〇分近くも並んで待った。

家内安全と健康を祈願し、私が理事長をしている公益社団法人青少年交友協会が本年から始める、〝健康寿命を延ばす歩く国民運動〟の遂行を誓った。そして、一三〇〇円の破魔矢を買い、二〇〇円でおみくじを引くと、〝小吉〟であった。

我が家に戻って年賀状を受け取り、一〇時過ぎから家族で、「明けましておめでとう、今年も元気で頑張ろう」といってお猪口で酒(おとそ)を飲み、妻の作ったおせち料理と雑煮を食べた。

五人の子どもは皆成人し、家族が集う元旦といえども、残念なことだが三人は仕事があるとかで帰って来ず、妻と長男、三女の四人だけ。

普段はあまりしない雑談に花が咲き、一一時半までお正月気分のなごやかな時が流れた。

②祖霊を迎える風習

天変地異の自然現象は、天の神による仕業だと考えていた古来の日本人は、自然を魔物、不可抗力、神として崇め、恐れていた。

その神への使者の役目を、長寿で生命力の強かった先祖の霊が、きっと果たしてくれると考えた人々は、先祖崇拝という〝祖霊信仰〟の精神世界を発展させてきた。

これまでの日本人は、災害を恐れても、共に生きる神の加護を願い、祖霊が神への連絡役を果たしてくれると信じて、天（神）、山（自然）、祖霊（人）が一体化する理念を培ったようだ。

日本の元旦は、自分たちの先祖を崇拝する祖霊信仰（神道）によるもので、先祖の霊が家に戻り、家族がそろって絆を深め合い、気力や元気を確かめ、分かち合う神人共食の儀式なのである。

年の暮れに山から戻ってくる先祖霊、年神さまの依り代が、山から切り出してきた門松や松飾りなのだ。そして、家族は、祖霊を迎えて三が日を共に過ごすため、大晦日におせち料理を準備し、元旦に酒（おとそ）を供え、皆がそろって祖霊神である年神さまと共食をする習わしになっている。

各家だけではなく、共同体の村や地区である地域社会の祖霊神、氏神の依り代としての神社に、年明け早々に参拝するのが初詣。その意味を知ってかどうかわからないが、今日の日本人の約六二パーセントが初詣をするそうだ。

③元日の挨拶

おせちやお雑煮を食べ、お屠蘇《とそ》を飲んでご機嫌な私は、一二時から一人で散歩に出かけた。近くの妙正寺公園に行き、そこから始まる妙正寺川の両岸に歩道があるが、日の当たる左岸（北側）の道に沿って南東の方に歩いた。天気は快晴で風もなく、三月中旬の温かさなので、冬用のシャツの上にセーターを着てのんびりと歩きながら、行き交う人に「明けましておめでとうございます」と声をかけ、頭を下げた。

杉並区から中野区に入り、区立鷺宮体育館を通り過ぎ、洪水防止用の溜め池のある、〝やよいばし〟まで四～五キロを歩いた。そこから今度は右岸のウォーキングコースを引き返し、家にたどり着いたのは午後一時四〇分で、一二五〇六歩であった。

この間、約二〇〇人に元日の挨拶をし、頭を下げると、相手の反応は様々であった。

「あっ！　おめでとうございます」

驚きながらも多くの方が言葉を返してくれたが、中には、「あっ！」と驚いて声を呑んだままの人、黙って頭を下げる人、黙ったまま立ち止まり、怪訝な表情で何もいわない人、無反応な人、スマホに夢中な人などいろいろであった。

④正月行事は生活文化

元日に散歩して、多くの人に新年の挨拶をすると、約半数の方が、快く「おめでとうございます」と返してくれた。実に気持ちがよく、自分が今、日本で元気に生きていることを実感し、何とも楽しい、平和で幸福な気持ちになった。そして脳裏では、「よし、今年も頑張るぞ」などと、自分を励ましていた。しかし、無反応や無視されると、異文化人のようで、なんとなく淋しく、不安な気持ちになる。

歩きながら各家の門や扉を見たが、門松や松飾りのない家が半数近くもあった。祖霊を迎える依り代のない家が多くなっていることは、やはり淋しい現象だ。

日本は、戦後急にアメリカ化して、日本の生活文化を知らない人、異文化人、異教徒が多くなっているが、それらが五〇パーセント以上になると、社会は不安定化し、衰退する。

日本人にとっての元日は、初詣もさることながら、家族そろって祖霊神と共食し、絆を深め合うことであったのだが、今日では、門松の意味も知らず、新年の挨拶もなく、一人ぼっちで過ごす人が多くなっているそうだ。

（11）たなばたの原点

千数百年も続いた年中行事である〝たなばた〟は、日本人にとって、夢のある家族的な夏の祭りとして、続けられるであろう。

①たなばたとは

たなばた……誰もが口にし、知っている言葉なのに、まじめに考えると、なんのことかその意味がなかなか理解し難い。たなばたを、〝七夕〟とか、〝七月七日〟〝棚機〟〝棚旗〟と記すが、一般的には〝七夕〟がよく使用されている。しかし、七夕をどうしてたなばたと読むのだろうか。たなばたのいわれについては何も知らなかったが、大変ロマンチックで、夢の多い年中行事として、幼少年時代の兄弟姉妹の面影と共に、今も残像のごとく尾をひいて脳裏にとどまっている。

誰もが思いだすことは、少年少女時代、五色のたんざくに願いごとを書き、葉のついた竹枝に結びつけて飾ったことではないだろうか。私は、その竹を七日の夕方、浜辺に担いでいき、海にすてた後、暮れなずむ沖合を眺め、たんざくを結んだ竹がどこへ流れ着くのか、心配しながら砂浜に座っていたことをよく覚えている。

どのような理由でたなばたの竹を海に流したのか知るよしもなかった。ただ、たなばたに雨が降ると、天の川の両岸にある牽牛星と織女星が会うことのできない物語を聞かされているだけだった。

七夕は、もともと陰暦七月七日のことであり、その日の行事をも含めていうのだそうだ。しかし、今では陽暦の七月七日であり、中には一月遅れの八月七日に行う地方もある。

日本中どこにでもある年中行事のたなばたは、中国大陸の七夕（ひちせき）の祭りが伝来し、日本の古代信仰であった、神の来臨を願って作った棚旗、すなわち依り代を作る行事と複合された風習のようである。

②星祭り

中国大陸古来の節句は、陰暦の一月一日、三月三日、五月五日、七月七日、九月九日の奇数月の重日で、これを五節句と呼んでいる。これらの節句には、星の神々が地上に降りてくると信じられていたので、娘たちは、機織りをして、その技術向上を祈るのが習わしであった。この祈願のための行事を棚旗《たなばた》と呼んだのである。

中国大陸に古くからある七夕の風習から、天の川の牽牛星と織女星の物語ができたものと思われるが、中国大陸の人々は、この七夕伝説を好んで伝承したようである。

「陰暦七月七日の夜、年に一度の逢瀬を天帝に許された織女が、雨の降らないときだけ、天の川にカササギが翼を並べて作った橋を渡って、対岸にいる牽牛に会うことができる」。この物語は簡単であるが、夫婦星が見事逢瀬を楽しむことができたなら、その年は洪水がなく、秋の収穫が無事であると信じられ、星祭りには雨が降らないことの祈願がこめられていた。

このような七夕伝説は、中国大陸で紀元前七世紀頃すでに成立し、四、五世紀頃には、文学上のよい題材となっていたといわれている。女性好みのロマンス物語のせいか、中国大陸の女子は、天の川の織女星を祭って、その技術の向上を願う、乞巧奠（きっこうでん）という行事を好んで行ったという。この風習が奈良時代に輸入されると、日本でも大変好まれたのか、万葉集の中にも歌われているし、星の祭りとして宮廷に普及したようである。

③日本古来の風習

たなばたを〝七夕〟とか、〝七月七日〟と表記するのは、中国大陸の節句文化の影響であることは理解できるが、今日ほとんど使用されていない、〝棚幟〟または〝棚旗〟にはどのような意味があるのだろうか。筑波大学の宮田登教授は次のように説明して下さった。

「旗は、空中にいる神霊が目指して降りてくる所、すなわち依り代である。もともとは、樹木または竹であったと思われる。それは、よい神霊だけが降りてくることを祈って、今でも葉のある大きな竹をたてることからもわかる。この神霊信仰が、山から神を招くという意味で、山に行って花を手折ってもち帰り、入口に置く〝立花〟の風習となる。この立花は、棚旗の竹と同じく、神霊を山から迎える儀式用の依り代である。やがて、立花の風習が家の中にもちこまれて〝生花〟に変化したものだと思われる」。

棚旗、これが日本古来のたなばたの原点であるらしい。しかも、旗ではなく、大きな竹をたててあったにちがいないという。そして、山から神を迎えるための依り代であった立花が、華道の原点であるらしいこともわかった。

もう一つのたなばたは、祓いの行事でもあったようだ。ということは七月七日に水浴びをし、女性は髪を洗い、衣類をすすぎ、家具を洗い、井戸をさらって一年のけがれを禊ぐ風習があり、雨が降った方がよいという地方もあるからである。これは星祭りとは関係なく、日本の自然環境からきた風習だと思われる。

陰暦の六月下旬から七月上旬は雨季で、湿度や温度が高く、ものが腐敗しやすいので、伝染病なども多く、最もいやな季節である。そのため、古代から人々は、雨が降って川に水が増し、すべてのものを押し流してしまうことを願ったのだろう。日本には、川や海にものを投げ捨てると、きれいになるという風習がある。これは、雨が多く、川の流れが速い日本での生活の知恵で、水がすべてのものを押し流し、清めてくれるという概念によるものである。

棚を作り、背丈の高い竹をたて、守護神である神霊を迎え、雨が降れば周囲の汚物を流し、清めてくれる日本的風習が、中国大陸伝来の、大変ロマンチックな七夕祭りと複合し、日本古来の年中行事棚旗に、〝七夕〟の字をあてたのがたなばたの呼称の始まりのようだ。

④願いをこめる家族的な祭り

奈良時代に中国大陸から伝来した七夕祭りは、宮廷貴族を中心に伝えられ、機織りの技術が向上することを願うよりも、書道の上達や恋愛の成就などを祈願する風習となったといわれている。それが江戸時代になって、幕府が年中行事に取り上げたので、武家の風習となってまたたくまに全国的になった。そして、やがて、寺子屋の手習い師匠などの役割によって、庶民へも普及した。

手習いするものが、里芋の葉にたまった露で墨をすり、文字を書くと上達するという習わしから、五色のたんざくなどに、思いや願いを書いて依り代である竹枝につるす風習が広まったといわれている。そしてまた、庶民は、たなばたの棚に野菜や果物などの初物を供えることも考えついた。また、地域ぐるみで大規模なたなばた祭りを行う地方もある。例えば、仙台市商店街の七夕飾りである。

現在のたなばたは、子どもたちが願いをこめてたんざくを竹枝に結ぶ、ロマンチックな年中行事となっている。私の思い出にあるたなばたは、今の私にとってのゆとりであり、生きがいであり、活力の原点であり、父母や祖父母、兄弟、姉妹のいるふるさとなのである。

千数百年も続いた年中行事である〝たなばた〟は、日本人にとって、夢のある家族的な祭りとして、夏が来ると共に続けられるであろう。

第2章　日本からの再出発

1　国際化する日本

（1）世界の中の日本

人は誰でも父母とふるさとと祖国をもっている。中にはかつてのユダヤ人のように放浪の民もあったが、人間誰しも、自分の安住の地を求めんと努力する。その努力が生きることの苦難と闘うエネルギーでもあった。

ふるさとである大地、祖国である大地、その大地に両足を踏ん張って、隣人と共に生きることこそ心の平和を勝ち取るものではないだろうか…。物質の豊かさに明け暮れ、最も大事な安住の地を守る努力と協力をなくすれば、帰る大地を失った精神的放浪者にならざるを得ない。

何の義務も責任もなく、気の向くまま、好きなところに自分の存在を確認する理想郷を求める人は、理想郷とはいかなるものであるかを知るべきだ。たとえ自分が理想の大地だと思っても、自分以外の人間がその場にいれば、必ず自分の大地、自分の安全を願う。そこにはすでに、義務と責任が存在する。そして、初めて、人間社会の理想と、生きることの現実の差を痛感する。

人間は紀元前におけるギリシャの哲人、ソクラテスが悩み、考えた時代と内面的には殆んど変っていない。ただ、自分の欲望を満たす外的要因すなわち、物質とのかかわり合いだけが変化したのであって、人間そのものが変化したわけではない。

私は、この一〇年間に一一〇か国の国々を自分の足で歩いてみた。そして、各国の歴史、文化、文明、社会、経済機構と人種、宗教、そして、国境の存在を見てきた。その体験の中で、人間は、自己の存在を確認したがる動物であることを知った。自分の祖国、自分の宗教、自分の思考を最善と信じ、自分により忠実に生きている人間に、自分の存在を無視せよ、自分の生存している大地を、自分の信じている大地をなくして、地球上のすべての人類が無我になって、すべてを分かち合うという理想は、あくまでも理想である。その前に人類の各自が自己と自分の存在している大地、地域を最善の努力を払って、人間社会にふさわしいように発展させることが、まず第一歩の理想であるはずだ。

それを忘れて、自分の足元を見ずして、一キロ先をどうして見定めることかできよう、どうして一キロ先に到達できよう。

すべての人間が、まず自分を見て、それから五メートル先を、一〇メートル先を見ながら前に向かって進むしかないのだが、残念ながら、ソクラテスの時代から、人間は一キロ先を急いで見続けてきて、いつも足元の不安さをなげいている。

今日の日本の社会的・経済的不安の原因は、文明という外的要因に酔いしれて自分の足元を見ずして、世界のため、人類のためという大きな理想を、さも簡単に実現できるかのように錯覚していたことである。

日本の大地にある日本の各企業が、まず第一に日本の人々のために存在しているのでなければ、日本という、我々の祖国に存在する必要はない。しかも、その企業の労働者・経営者が日本人ならば、その企業の大移動は、地球上のどこの大地も受け入れてはくれない。労働者も経営者も日本人ならば、まず自分たちのための企業の存在を十分認識せねばなるまい。日本の人々に十分なほどこしをしてから、日本以外の人々にもその恩恵を与えていこうとしないならば、どこの国の人々も、その恩恵を偽善とする。

世界平和は、まず自分の住んでいる大地・祖国を平和に安全にすることであって、ものを買い占め、売り惜しみして、故意にものの価格をつり上げて社会の安定・安全を乱すようなことではない。

私は世界の諸々を自分の目で見、肌で感じたが、私には日本にしか心のやすらぎを求める大地はない。だから私は、かつてのユダヤ人のような放浪の民が、ただ金で安全を求めるような行為はしない。程度の低い文明国ならいざ知らず、文化国家の民は「金がすべて」というユダヤ商法を、全人類のためにも慎むべきではないだろうか。

科学的文明が発展・発達し、地球は狭くなったが、人間の悩みと苦労と不安と喜びは、もう何千年間もたいして変わっていない。また、自然環境から育まれる風俗・習慣などの地域性もなかなか変化しない。だから私は、自分が日本列島内に住んでいる限り、日本人としての悩みも苦労も受け入れるが、安住の地としての権利も主張する。そのために、明日の日本が世界的に信用のある文化国家になるよう努力する。結局そうすることが人類の世界平和の第一歩であり、日本人の人類に対する義務でもある。

（2）日本人の国際化と国籍

①国際化に必要な国籍

私たち日本人は、〝国際社会において、名誉ある地位を占めたい〟と思っているのか、〝国際化〟という言葉が好きである。

国際化には、個人的と社会的があり、また、経済的、文化的、政治的などもあるが、いずれにしても、主体的か従属的かによって形が大きく違ってくる。

個人的に、従属的国際化を望むならば、好きな国へ移民すれば可能だが、主体的ならば、大変な努力と忍耐力が必要で、容易なことではない。

社会的に、従属的な国際化を望むならば、諸外国に文化的、経済的に従って政治的小国になれば比較的容易だが、主体的国際化を望むならば、諸外国に理解してもらう努力と工夫と貢献が必要である。

個人的に国際化を望むには、どこかの国民としての権利と義務を負わない限り、いかなる社会からも受け入れられない。いかなる人も国籍をもたない限り、国際的な活動をすることはできない。国際化と国籍は表裏一体であるが、日本ではあまり理解されていない。

②半独立国日本

平成八年の今日、公務員の国籍条項を撤廃せよとか、地方分権、それに国際化などが叫ばれているが、これらは、戦後五〇年間も潜在的に続いている、アメリカ合衆国の占領管理的政策の具現である。

日本は、昭和二〇年八月一五日に無条件降伏して以来、アメリカ合衆国を中心とする連合軍の占領下に置かれ、昭和二二年五月に憲法が制定されたが、その中には日本人や日本語の規定はない。あるのは、日本国民が世界の人々と仲よく暮らしていくための必要条件である。

日本は、昭和二七年四月二八日に〝サンフランシスコ平和条約〟が効力を発生することによって、形式的には独立したが、国家の骨格をなす憲法はそのままである。日本政府は、これまでに憲法の〝是非〟を国民に確かめたことはなく、単独講和的な安保条約によって、アメリカ合衆国の傘下に置かれている。そのせいか、文化的、社会的な違いを乗り越えて、ひたすらアメリカ追随に努力してきた。

そして、今日にいたっても、親離れできない子どものように、戦後まもなくのアメリカ知識人たちが望んだ日本国のあり方ともいえる、国籍無用や地方分権、国際化などを理想的に描く努力を続けている。それはまだ半分しか独立し得ていないからだ。

③経済大国の論理

憲法第九条②「国の交戦権は、これを認めない」としている日本は、アメリカ合衆国の保護のもとに、平和で、豊かな社会づくりに邁進してきた。私たち日本人は、豊かになる条件を満たすためには、国も文化も誇りもそれほど重要視はしなかった。

与えられた民主主義社会日本の政治家たちは、外交や内政を経済活動の一環と考え、日本国のあり方を真剣に論議する重要性を無視しがちであった。官僚の多くは、そうした政治家をうまく操って、自分たちの省益や権益を拡大することに努め、公益的配慮を弱めていた。そして、国家的共通性を見失った国民の経済活動は、個人的利益の追求であった。その結果、独立国としての外交権を駆使しようとしない政府のもとで、自由と権利を謳歌する国民が、理想の平和国家を今日まで追求することができた。

占領下で制定された憲法を金科玉条とする日本国は、他国との共生を願って、主張せず、争わず、アメリカに見習い、国際的義務と責任を負わず、自由に経済活動ができる利益追求型の、政治的小国の論理で成り立っている、経済大国なのである。

④国民は多様な日本人

憲法第十条「日本国民たる要件は、法律でこれを定める」

憲法第二十条②「何人も、外国に移住し、又は国籍を離脱する自由を侵されない」

憲法には日本国民の規定はあるが、日本人の規定はない。日本国民と日本人の違いをはっきりさせないことには、主権国家の公務員になるために、国籍が必要なことを理解することはできない。

日本国民には、両親を日本人とする民族的日本人と、日本国に住み、日本の風習や言葉を理解し、社会の義務と責任を果たしている社会的日本人がいる。

私たちにとっての日本人とは、民族的日本人のことであるが、日本国憲法によれば、社会的日本人をも含めるのである。

単一民族的社会に生まれ育った、馴れ合い社会の民族的日本人は、あるがままの社会というかかわり方でしか判断しない習慣があったが、今日では、社会の必要条件を共有する社会的日本人になる必要に迫られている。

例えば、今日の中国には五六の民族が住んでいるが、民族的中国人は一人もいない。漢族や蒙古、朝鮮、チベット、ウイグル族などはいずれも社会的中国人であり、皆中国国民である。

これからの日本国民には、朝鮮族系日本人、漢族系日本人など、多様な日本人がいても構わない。しかし、彼らは日本国籍をもたない限り、外国人なのである。

国際化する日本国の政府がまずしなければならないことは、国籍条項撤廃ではなく、〝国民とは社会的日本人である〟と規定することである。

（3）日本の国際化と国民化教育

①孤独で不安な社会

平成二〇年三月二一日の新聞によると、今日の日本人社会は、七割もの人が、他人や企業を信用できず、不安を抱いているそうである。

某新聞社の社会意識調査によると、政治家と官僚に対する信用度は、なんと一八パーセントしかない。そして、治安を担う警察官は六三パーセント、教育者である教師は六〇パーセントしか信用されていない。

社会意識の弱くなった今日の日本人は、「他人（社会）の役に立とうとしている」人が僅か二二パーセントと少なく、「自分のことだけ考えている」という人が六七パーセントを占めている。

このような不信社会でも、家族には九七パーセントの人が信用を寄せている。しかし、家族を結びつけるものは「精神的なもの」が一番多く、次が「血のつながり」だそうである。

私たち日本人は、不信社会では自然的に犯罪が多くなり、多くの人々が孤独で不安になりがちなことを、まだ十分には理解できていない。

②独自性のない国際化

この地球上のいかなる部族、民族、国家も、有史以来いろいろな戦争を繰り返してきた。残念なことに今もまだ、地球上の各地で戦争は続けられている。幸いにも日本だけは、もう六〇年余も武器戦争のない平和で豊かな国で、しかも、教育施設の普及率は世界一である。

社会は、個と集団が対立するものではなく、いかなる個人も集団的規定なくしては存在し得ないものだが、戦後の日本は、社会の大義を失って、社会を守る社会的目標のない利己的な教育が続いた。

一方、米国の支援があったこともあるが、戦前の教育を受けた人々が中心になって、日本の伝統文化的特長である勤勉、正直、組織力によっていち早く経済的復興を達成し、やがて世界第二の経済大国に発展した。そして、米国方式の経済的国際化に尽力した。

米国方式の経済的国際化、すなわちグローバライゼーションは、〝科学・技術〟の進歩によって起こった〝ＩＴ革命〟による、コミュニケーションの飛躍的な発展によって、一層拍車がかかった。しかし、経済的国際化は、いかなる国の人々にとっても生活手段であって、社会的目的ではない。

ところが戦後教育を受けて社会意識の弱くなった日本人は、経済的国際化には邁進したが、肝腎な自国の安定・継続に必要な、社会の後継者育成である国民化には無頓着で、半世紀以上も米国式民主教育をそのまま続行し、信頼社会であった日本の独自性を失った。

③国民化を忘れた日本人

民族とは人間の形質的特徴ではなく、生活文化を共有する人々の集合体のことである。

戦後の日本で生まれ育った日本人の多くが、伝統文化否定の名残のせいで教えられなかったこともあり、社会的遺産としての生活文化を共有することの重要性を知らず、利己的・個人的になっている。その結果、日本人社会にとって最も重要であった信頼や絆が揺らぎ、十数年前から不祥事が多発するようになった。

三、四〇年前までの日本では、両親が日本人なら自然に民族的日本人になれたが、今日の国際化した不信社会では、日本で生まれ育った日本人が日本を知ることなく、自然に社会的日本人、すなわち国民になるとはいえなくなっている。

私たち日本人は、社会、国にとって最も大切な生活文化を共有する社会化・国民化を忘れ、知識・技能を中心とする個人的学力主義を追い求めているが、社会人としての栄辱をわきまえていない人は、犯罪を犯しやすく協調性や忍耐力、向上心、信頼感が弱く、主体性を失ってフリーターやニート、引きこもりになりやすい。

④安全・安心に必要な国民化教育

地球上の多くの国、特に移民によって成り立っている米国は、多民族、多文化、多宗教の国民国家である。世界の国民国家の大半は、民主主義的議会政治によって国家の統合を第一目的としている。そして、スムーズな統合の手段として〝多文化主義〟を採用している。

世界の中では大変珍しい単一民族的国家に近い日本は、戦後、米国式の多文化主義を取り入れたが、すでに統合が成立していたし、やがて安定した国民国家にもなった。しかし、米国を筆頭とする多くの国は、今もまだその途上にあって貧富の差が大きく、政治や経済、教育などの政策はすべて統合のためにある。

地球上のいたるところで今もまだ起きている宗教や文化の違いによる紛争や、エネルギー・環境・食料・人口問題、それに米国経済の失速など、これからの多様化する国際情勢に対応するには、まず日本国の活力・安定・継続を図る国民化教育が優先課題である。

そのための公教育には、青少年時のみではなく、社会人としての主体性・アイデンティティーを促す内容の、生活文化習得の機会と場が必要である。

（4）先進国・日本からの発信

①人口増加と資源不足の地球

私たちが住んでいる青い地球は、宇宙に浮いた球体で、自転と公転を常時繰り返している。その地球上に、二〇一一年一一月三〇日現在、一九二の国と地域に分かれて七〇億人が暮らしている。世界人口は一九八七年には五〇億人であり、一九九九年には六〇億人であったとのことなので、急激な増加率である。

日本国の人口数は減少しているが、人類はますます増え続け、二〇五〇年までには、なんと九三億人にもなるそうだ。だからと言って、我々人類が宇宙のほかの星へ移住することは、自然環境の違いからなかなかできない。

これからの地球は、人口増加と科学・技術の発達によって、大地は細り、時間と空間が相対的に縮小され、食糧不足が激しくなる。そうなると、食料やエネルギー資源などの確保、領地や領海などの確保による紛争がたえることなく発生し、我々の日常生活が一層不安定になり、不満が増す。

②平和で豊かな先進国・日本

私は、これまでの四十数年間に地球上を踏査し、日本の自然的立地条件が、世界のどの国や地域よりも恵まれていることと、どの国よりも画一的に発展して豊かであり、しかも安定していることを知った。

南北に長い大地が海に囲まれ、自然的要塞に守られてきたような日本国は、大陸の陸続きの国々とは異なって、緑と水が多くて自然の幸に恵まれ、国民的にもそれほど複雑ではない。それに、他民族の侵略を受けることもなく、江戸時代の数百年も前から統合され、権力的な立場の将軍や首相は代わっても、権威的な天皇は古代から継続しているので、比較的安定した社会生活が続いている。

何より、この半世紀以上も戦争や紛争がなく人心が安定しており、その上、科学・技術立国としての国際的な経済活動が活発で、物質的に大変豊かである。しかも、全国津々浦々にいたるまで画一的に発展しているので不平等感が少ない。その上、小中高等学校の教育制度が発達充実しているので、比較的民主的、合理的な社会が営まれている。

このような日本は、世界の最先端を進んでいる豊かで平和な、そして安定した先進国なのである。

③社会的遺産としての生活文化

多くの人が努力、工夫して学んだり働いたりしている。しかし、学んだり、働いたりするために生きているのではない。よりよく生きるために学んだり働いたりしている。

よりよく生きている精神的な喜びを感じるには、他人とのかかわりや自分の価値観による納得が必要。その価値観に最も大きな力を発揮するのが、日常生活のあり方である生活文化だ。しかも、その生活文化の共通性が人間関係や絆、人格までも作っている。

私たちが日常生活で最も安心・安全に思えるのは、ごくありふれた日常的なことで、「こうしていれば大丈夫」という生活の知恵ともいえる、心理作用による納得なのだ。

生活文化は、その地域の自然環境に順応して生きてきた先祖代々の社会的遺産であって、現代人が勝手に作ったり、簡単に排除したりできるものではない。

日本人の生活文化は、日本の自然環境に順応して生きてきた先祖たちが、何百、何千年間も改善を繰り返しながら、徐々に培ってきたものなので、それを無視して生活していると、徐々に安心・安全感が薄れ、高齢になるに連れて不安が増してくる。

今日の日本に自由貿易は必要だし、ＴＰＰのようなアメリカ式自由貿易が迫っているが、社会が安定し、人々がよりよく生きられる継続策を忘れて、経済的効率を高めるアメリカ的産業化を追い求める理論に溺れてはいけない。

④日本独自の安定、継続策の発信

世界一平和で安全な、しかも合理的に発展した豊かな日本を、これからどのように安定、継続させればよいのかを、経済論や国際政治論だけで論じるのではなく、地球上の日本に住む人は誰でも安心して、安全に生活ができる方法としての、自然条件を十分に生かした日本独自のあり方を立ち上げることが必要だ。

日本は世界で最もハイレベルの統合された国民国家で、移民による多民族国家アメリカを始め、他の国々が理想としている統合、安定、継続などの社会的なことが、気づかないうちに実現されている。アメリカンドリームに象徴されるような発展や繁栄策だけでは格差社会になり、不安定になりがちだ。長い歴史のあるこの日本を、ますます国際的になる経済活動のために、更にアメリカ化するのは、人類にとってもよりよいあり方とはいえない。

世界の先進国に住んでいる私たちは、他国のあり方をまねるだけではなく、これからは日本独自のよりよく生きられる安定・継続的なあり方を、自信と誇りをもって再度世界各国に発信しよう。

2　世界における日本のあり方

（1）大東亜戦争の人類史的考察

①日本の旗手を担いだ選手たち

一九六四年一〇月一〇日から始まった、アジアで初めての東京オリンピック大会は、天候に恵まれ、大会は見事に運営されて、滞りなく一〇月二四日に閉会式を迎えた。

閉会式では、各国の選手団が、旗手を先頭に整然と行進するはずだったが、各国選手たちは、係員の制止を振り切って入り乱れ、肩を組み、群れをなして笑顔で入場した。そして、日本の選手団の旗手を肩に担ぐ人、日の丸を持って歩く選手たちがいた。

海外旅行の準備中であった私は、その光景をテレビの画面に見入った。某新聞によると、そのときのＮＨＫアナウンサーは次のように報じたそうだ。

「国境を越え、宗教を超えました。このような美しい姿を見たことがありません。誠に和気あいあい、呉越同舟。なごやかな風景であります」

〝平和の祭典〟と呼ばれる五輪だが、他国の選手が寄り集まって、何故に日本の旗手を担いだり、日の丸を持ったりして歩くのだろうか？　私は、感動と疑問と希望に胸が熱くなり、しばらく興奮状態であった。

②アジア―アフリカからの称賛

私は、一九六四（昭和三九）年三月に大学を卒業したが、その年の四月から海外旅行が自由化になり、オリンピック大会開催年でもあったので、いろいろ啓発され、海外へ出る準備に追われていた。旅行費の工面や両親の許しを得るのに半年近くもかかり、閉会式直後の一一月初めにやっと横浜港から出発し、シンガポールへ向かった。そこから陸路でアジア大陸を東から西へ横断した。

東南アジアの各国を訪れ、多くの人から歓迎された。日本を出発する前に警告されたことは、戦後まだ二〇年足らずなので、地方に行けば殺されるかもしれない、危険だから気をつけなさいであった。ところが、どこへ行っても「日本はすごい、日本人はえらい、日本人は久し振りだ、日本のおかげで独立できた」などと大歓迎され、家に招待されて食事を共にすることが多くあった。

南アジア・中央アジア・中近東を訪れても、日本人はえらい、日本はすごい国だなどと称賛され続け、大東亜（アメリカでは太平洋）戦争を懺悔する必要などなかった。

そして、ヨーロッパでは、日本の商品をおもちゃだと思って買ったら、五年も一〇年も使えているなどと、トランジスターやカメラ、時計などが誉めそやされた。

アフリカ大陸を縦横断したが、そこでも日本のおかげで独立できた、日本人はえらいなどと、見ず知らずの人々から支援・協力していただいた。

貧乏旅行をしていた私は、世界の人々から称賛される祖国日本の後ろ楯のおかげで、アメリカ大陸をも縦断して、世界七二か国を探訪し、約三年後に無事帰国できた。

③戦争は相互的行為

世界旅行直前に感じた、他国の選手たちが日本の旗手を担いだり、日の丸の国旗を持って歩いたりしたことへの疑問が、地球を一周してやっと解けた。

戦争とは、集団的残虐行為であり、どんな戦争も相手がいることなので、よい戦争などありえない。しかし、これまで多くの民族・部族の集団は、自分たちの安全・安心・権利などを御旗に、少々の犠牲を承知で紛争や戦争を繰り返してきた。

古代から、〝勝てば官軍負ければ賊軍〟といわれてきたように、勝者が有利なことは今も変わらない。しかし、戦争は相互的行為なので、敗者にもそれなりの理由と意義がある。

一九四五年頃は、アジアやアフリカのほとんどが欧米諸国の植民地であった。ところが、日本だけがアジアで欧米植民地国と戦った。欧米文化とアジア文化の戦いともいえるインドシナ半島やインドネシア、インパールなどでの戦いは、アジアやアフリカの人々の目を開かせ、独立運動の火蓋を切るきっかけとなった。

欧米以外のアジアで最初のオリンピック大会に参加した、第二次世界大戦以後に独立を果たした各国の選手たちは、そのことをよく知っていた。そして、原爆投下を受けて荒廃した敗戦国日本が、僅か二〇年足らずで不死鳥のように復活し、見事にオリンピック大会を開催した。

〝我らが同志、我らが旗手、日本万歳〟その自由と平等・平和を称える叫びが、あの閉会式で日本の旗手を担いだり、日の丸を先頭に群れをなして歩いたりすることになった。

長い間戦争の負い目を感じていた私は、アジア、アフリカ諸国の独立を確かめた地球一周後に、人類史における大東亜戦争の意義を考えさせられた。それが、その後四〇年近くも日本の民族的、文化的源流を探る、アジア諸民族踏査旅行のきっかけになった。

④人類史上の大東亜戦争

人類は、古代からいろいろな理由や目的によって戦争を繰り返してきたが、科学技術が発達するに従って、その愚行に気づかされ、伝統や民族の強い国家主義を浄化し、希薄なものにして、グローバリズムこそが幸福をもたらし、未来を切り開くものとされてきた。

しかし、そうした楽観的な歴史観は、アメリカ的な経済活動中心の市場主義や発展主義には都合がよかったが、人の生きがいや社会の安定と継続には効果的ではなかった。かえって人心の不安や社会の不安定を招き、倫理観や価値観を失わせた。

そこで、これからの私たちは、グローバリズムとか国際化という美名に飾られた近代的歴史観を見直し、国際化における国家の重要性とあり方の再確認が必要になっている。

日本的呼称の大東亜戦争は、多くの犠牲を払い、悲惨な状態を招いたが、欧米中心の史観や植民地制度、それに人種差別（奴隷制度をも含めて）などをなくすきっかけとなったので、私たち日本人は、戦勝国（アメリカ）の立場に立っての見方だけではなく、敗戦国日本が果たした人類史的役目を認め、世界の平和と安全について考察する時がきた。

戦後七〇年の節目を区切りとして、二〇二〇年の東京オリンピック大会を迎える上にとって、人類の理想に近い信頼社会日本の生活文化が、次にはより多くの国の人々から評価・称賛されるように、我々日本人の最善の努力・工夫による再出発が望まれている。

（2）世界における日本の役目

①大義が薄れた日本人

これまでの半世紀近くもの間、日本は平和で豊かな安定した社会であった。それは、戦中派の大義を重んじた日本人の努力と工夫の賜物《たまもの》であった。しかし、それが、世代が交替した今崩れかけている。

この頃マスコミをにぎわしているJR北海道やみずほ銀行、食材偽装、福島原発の汚染水処理や多種多彩な犯罪などの問題は、まだ氷山の一角で、日本の戦後教育のつけが、大きな社会不信として潜在している。

これらの問題点は、戦後のアメリカ的民主教育によって育った、利己的な日本人が大義を失って、無責任な事なかれ主義の風潮に染まっていることだ。

こんな、日本人としての主体性を失った状態では、外交も内政も経済活動もこれまでのようにはうまくいかないし、二〇二〇年の東京オリンピック大会に向かって、成熟した日本の生活文化を世界に発信することもできない。

日本の伝統文化としての信頼や責任のあり方を皆で考えて、大義について青少年期の教育からやり直す必要に迫られている。

②日本人の大義

かつて東大の総長が、卒業式で語ったことは、〝肥った豚より、やせたソクラテスになれ〟であった。社会が安定・継続するには、教養と素養ある社会人を育成することが重要であるが、アメリカが仕組んだ戦後の教育は、市場経済を重んずる利己的な肥った人を多くすることであった。社会人として踏み外してはならない〝大義〟をなくしては、一時的に繁栄しても、個々の不信感から団結力を失い、やがて社会が内部衰退して長くは続かない。

今日の日本は、アメリカ的グローバルスタンダードによって、すべてが経済活動中心の観念にとらわれて、発展するための知識や技術を身につけた人は多いが、日本の独自性のある知恵や素養のある人が少なくなっている。

しかし、日本人がよりよく生きるには、日本の社会正義としての道徳心・倫理観や日本語がこれからも必要なのである。

多くの日本人は気づいていないだろうが、世界のどの国と比べても、日本の自然は四季ごとに多くの幸をもたらす豊かさと美しさがある。その自然と共に生きてきた日本人は、日本語で深く理解し合い、相手を思いやる心情があり、大義を重んずる信頼社会を営んできた。

③信頼社会の美し国

世界の多くの国は、多民族・多文化・多宗教で社会的には不安定状態にあるが、日本だけは、社会を統合してきた天皇の存在によって、千数百年以上も国体が安定的に続いている。

日本人の多くは、日本国がなくなると考えたことも、想像したこともないだろうが、世界の多くの国の人々は、自分の国の存続に不安を感じている。それに、統治者、例えば大統領、首相などが代わることによって、社会的な多くのことが変化したり、主義思想や宗教、言葉などが異なったりすると、お互いに信頼を失いがちの不信社会になる。

そのような絶えず不安を感じているような国の人々が、日本に来訪して感じることは、自然環境の素晴らしさだけではなく、人心が落ち着いた信頼社会の治安のよさ、それに素養があって心やさしい思いやりのある人々、そしてそのような日本人が住む町や村の平和的なあり様なのだ。その信頼社会日本のあり様すべてが、まさしく〝美し国〟なのである。それが、外国人には魅力的な、これからの絶大な観光資源になる。

しかし、文化的自信を失って物質的な繁栄に溺れている今日の日本人は、〝おもてなし〟などといって作為的な型にとらわれて和の心を失いがちだ。それにアメリカ的な価値観に従って小学生から英語をすすめるのは、グローバル化する経済活動によるだけでなく、美し国日本の文化を否定しがちになる。文化戦争に負けては、独立国家として立ち上がる術を失うことにもなる。

④世界に示せ、美し国・日本

一億二千数百万もの人が住む日本は自然が豊かで美しいが、何より千年以上も国体が続いているので、人心が落ち着いて安心感があり、お互いの信頼感が強い。そして素養があり、思いやりのある心やさしい人が、アメリカや中国、その他の国に比べて、今でもまだはるかに多く、日本は世界に誇れる文化国家であり、日本のあり方がこれからの国際的な観光資源なのだ。

しかし、残念なことに、日本人の多くが、アメリカのような不信社会の価値観に同調して、経済活動を中心とするグローバル化を主張している。だが、人は安心して、安全に生きるために働いているのであって、営利活動をするために生きているのではない。

不信社会に暮らす人々からすると、大義が薄れかけている今日の日本でも、他国と比べるとまだ心情が正しく、共通した生活文化のある安定した暮らし方があるので、アメリカ社会などよりもはるかに美し国に思える。

世界の中で最も安定・継続している統合された日本は、人類の理想に近い発展した信頼社会なので、これからの科学的文明社会に生きる世界の人々に、生活のあり方、生き方、考え方などを、自信をもって伝えていく大きな役目がある。

その自覚と認識の下に、二〇二〇年の東京オリンピック大会が迎えられるよう、日本人の多くが、成熟した〝美し国・日本〟を世界に示す、一層の努力・工夫が望まれる。

（3）東洋の概念と野外文化教育

東洋三国の日中韓による〝第一回国際野外文化教育シンポジウム〟が、埼玉県浦和市（現さいたま市）で平成三年六月七、八日の両日開催され、成功裏に終了することができた。しかし、この〝東洋〟という言葉の概念がお互いに少々違っていることに気づかされた。

日本人は〝東洋〟という言葉をよく使う。例えば、東洋人、東洋風、東洋哲学、東洋倫理、東洋学、東洋文化、東洋史、東洋の自然観などである。

東洋は西洋に対して使われる言葉でもあるが、もともとは英語のオリエント（東洋、東方）の翻訳語である。オリエントはギリシャから見て東方を意味し、元来アジアの西南部とアフリカの北東部を含む地域のことであり、オクシデント（西洋、西方）に対して用いられていた。それが、日本語の東洋になって、トルコ以東のアジア諸国の総称となったが、やがて、東部及び南部の日本、中国、インド、インドネシアなどの範囲を意味するようになった。しかし、英語でオリエンタルといえば中国、日本を指すことになっている。そのせいか、今日の日本では、日本、朝鮮半島、中国などの漢字文化圏を意味する言葉となっている。それは、〝アジア〟という言葉が一般的になり、本来の東洋の地理的意味を表現するようになったからである。アジアは世界六大州の一つで、東は日本、北はシベリア、南はインドネシア、西はトルコ、アラビア半島にわたる地域の総称である。

英国で東洋人といえば日本人、韓国人、中国人のことであるが、中国で東洋人といえば日本人のことであり、東洋といえば日本のことなのである。韓国では日本とほぼ同じような意味だが、日本人ほど好んでは使わない。

日本は、漢字文化や仏教、それに儒教や道教、食文化などを朝鮮半島経由または、中国大陸から直接取り入れたが、それはすでに千年以上も昔のことである。中国大陸ではそれらのいくつかは、支配民族の交代によって時代と共に失われたり、すでに影響力が弱くなったり、部分的であったり、書物の中でしかないものであったりする。

日本に渡来したものの多くは、日本風になっている。例えば漢字については、まず読み方が違っているし、文としてはひらがなやカタカナを交えて書くようになっている。仏教は、儒教や道教が混入され、その上日本古来の精霊信仰や自然崇拝がごちゃまぜになっている。

日本は古くから他民族に侵略され、文化的な激変をした経験のない国なので、渡来したものは、樽の中にたまったものが、千数百年もの間発酵し、醸成されるがごとくに、徐々に日本風に変化して今日のような状態になっている。そのため、中国大陸や朝鮮半島のものとはかなりの違いがあり、すでに日本文化になっている。

日本人の多くはその自覚なしに、中国大陸との共通性を求めるかのように、〝東洋〟という言葉を大変安易に使うことによって、日本を表現しようとする。ところが、中国人は、はっきりと中国を主張する。韓国人は、日本と同じように東洋を使ってはいるが、朝鮮半島の特徴を直接的に主張する。

今回のシンポジウムのテーマになっている野外文化とは〝社会人の基本的能力〟を意味する言葉であり、古代から伝承され続けてきたごく当たり前のことで、より多くの人が共有している暗黙の了解事項である。これを身につけていない者は、社会的欠陥があり、地球人たる資格が低く、国際人になることはまずできない。

そこで、日中韓の先生方が一堂に会し、高度な文明化によって失われつつある野外文化の伝承、すなわち〝野外文化教育〟をどうすればよいか、お互いの自然的、社会的、歴史的背景を説明しながら話し合った。

中国では古くから、孔子のいう〝人間は自然にそむくべきではない〟という論と、荀子のいう〝人間は自然を支配できる〟という論があったが、韓国では孔子の〝環境決定論〟に類似する考えが支配的であり、日本では自然と共に生きる、〝自然崇拝論〟が強かった。

こうした哲学による社会環境の下で、私たちが東洋と呼ぶ日中韓に共通した子どもの遊びが伝承されてきた。しかし、遊び方や使用する材料が自然環境によって少々違っている。竹とんぼは中国で蜻蜓《チンテン》と呼び木や竹で作るが、韓国では木蜻蛉《ナムツアルザリ》と呼び木で作る。竹馬は中国では竹馬《ツーマ》といって木や竹で作り、韓国では木馬《モンバ》と呼び木で作る。凧は中国では風箏《フンチョン》と呼び竹ひごを骨とし、韓国ではヨン（漢字なし）と呼び、南は竹、北は高麗キビの皮を骨として作る。

このような違いがあることを承知しながら、幼少年時代の遊びを通じて、人間としての基本的能力を培うことの必要性が、今回の東洋三国の国際野外文化教育シンポジウムで確認された。

（4）野外文化教育学会の国際的役目

①文明に対する研究

平成一一年九月二五日、東京の麹町で「野外文化教育学会」が、一〇八名の同志によって発足した。

本会は、科学的文明社会の教育現場に必要な理論の発見と方法の研究、開発を学際的に促進し、新しい教育観による教育改革を推進しようとする国際的な学会である。

文明的な社会の生活にとって、科学技術は肉体や精神の緊張をほぐすには必要だが、精神の糧にはなり難い。技術の発展は、経済活動には必要だが、日常生活にはあまり重要ではない。むしろ、自然の生命力や活力を弱めこそすれ、強くすることはない。

人類は、生老病死の苦しみを越えて文化を培ってきたが、科学技術が生命までも支配するようになっては、もはや生命の尊厳はない。

我々は、これまで長きにわたって、生きる手段である文明と経済的発展を追求し、競争原理を煽り立てた。その方法の一つとして、合理的な知識習得主義があった。

我が国においては、その教育原理による学校教育が、明治五年から昭和三〇年代末までの百年足らずの間、見事に成功し、今日の経済大国の礎となった。

しかし、昭和四〇年代後半から機械化、合理化が進み、自由で豊かな文明的な社会になると、学校教育が徐々に色褪せてきた。特に、昭和五〇年代末以後は、急速にゆき詰まってきた。

本学会は、このような教育状況に対応する、二一世紀の新しい教育のあり方を模索するために作られた。

②新しい教育観

文明的な社会の子どもたちは、生まれた直後からテレビを観、ラジオを聴くので、肉体的成長よりも、精神的発達が早い。そのせいで、十数歳にもなると物知りになりすぎて、大人になった錯覚に陥り、精神的成長が止まりがちになる。そして、少年少女の精神年齢のまま成人する大人が多くなっている。

知的、技術的に早成する子どもたちに、理屈をいっても効果は少ない。彼らは生活の現場や自然を知ってはいないので、自然の中での生活体験や素朴な遊び、労働などを体験させることが、社会性や人間性、道徳心などを豊かにさせる最も効果的な教育なのである。

二一世紀の教育は、これまでの学校内の教科教育と、学校外において教科書を使わない教育である、体験学習を合わせたものとならざるを得ない。この学校外の体験学習による教育を〝野外文化教育〟と呼び、文明社会における新しい教育観の一つとする。

③学問の独立

ヨーロッパの学校は、キリスト教の修道院から始まり、貴族教育の基本は「自然に対応する知識と技術」であった。欧米の学校教育の理念は、この修道院と貴族教育を原点とするもので、今もまだ続いている。しかし、ヨーロッパから学校教育制度を導入した日本は、欧米に追いつけ追いこせ式の、発展のための画一的国民教育であった。

そして、百年後の日本の発展に最も驚かされたのは、かつて大英帝国であったイギリスと、一九七〇年代から経済的に低迷し、国民の知的レベルが日本より低いとされがちな大国アメリカである。

イギリスやアメリカは、この十数年前から、かつての日本の教育を見習って、社会性や人間性を重視するのんびりムードから、質のよい労働戦士を養成する知識習得主義の緊張ムードへと、学校教育が変化（進歩ともいえる）した。

日本の学問は、これまで長い間模倣と文献中心の時代が続き、現場の理論や技術を軽視した。しかし、社会にとっての学問は、生活の現場、労働の現場、教育の現場などから発生する理論や技術を発展向上させるための専門的研究、実践である。その手段として文献学や模倣が必要なのである。

世界で最も早く、画一的に科学的文明社会に突入した日本で、生まれ育つ子どもたちを教育する見本はもうどこにもない。私たちは、これから未知に向かって新しい教育観を模索する努力と工夫が必要なのである。そこには、自らの足で立ち、問題に対応する理論と方法を発見しようとする、学問の独立がなくてはならない。

④日本からの発信

これからの文明的な社会では、学校だけで人間教育をしきれない。もう一度、学校教育のない時代からの〝教育〟を再考すべき時である。

私たち人類は、肉体と精神によって生きている。肉体を健全に育て、管理するためには食糧と適度の運動が必要。精神（心）を健全に培い、安全に保つためには自然と社会が必要である。私たちは、肉体の糧については多くを学ぶが、精神の糧については無頓着である。

精神の糧である自然と共に生きる基本的能力を〝野外文化〟としているのだが、本来、私たち日本人はごく当たり前に習得していた。しかし、科学的文明社会の下で、その機会と場を失いつつある今日、私たちは、世界に先駆けて〝野外文化教育〟の重要性を提唱し、「野外文化教育学会」を誕生させた。

本学会は、二一世紀に必要な新しい教育観を論じ、その具体的な方法を発見し、体系づけることが使命である。そして、それを日本から世界へ発信する役目を果たすのである。

第3章　日本の安定・継続と青少年教育

1　日本復活に必要な国民の育成

（1）国民づくりは自然教育から

①自然は絶対的真理

自然とは、私たち人間を取り巻くあらゆるものや現象を指すが、古来から日本人の自然観は、山川草木、花鳥風月などと表現され、大変神秘的なものとされてきた。地球上の人類は、多かれ少なかれ、日本人と同じような自然観をもっている。

〝聖地〟と呼ばれるところは世界中いたるところにあるが、共通しているのは、自然環境に恵まれ、そこに佇む多くの人の気が晴れ、心地よくなることである。それを信仰と呼ぶか、娯楽と呼ぶかはそれぞれの価値観によるが、あえて観念の世界に押し込んでしまうのではなく、ありのままを認め、自然と共に生きる人間の心情とすべきである。

これまでは、宗教や思想などと呼ばれる観念によって心が支えられ、満たされると考えられがちであったが、その原点はすべて自然観によるものだ。私たち人間の幸福、満足、安心感やゆとりを感じる心の世界は、ものや金銭よりも自然観によることが多い。人類にとって普遍的な自然は、いつ、いかなる時にも絶対的真理なのである。

②公害は負の遺産

欧米のキリスト教徒は、〝自然・人・もの、すべてを神が作り賜うた〟と考えがちである。そのため、人が自然に対峙し擬人化したり、征服すべきであるという観念が強い。

そうした理念のアメリカ人が中心をなしてきた二〇世紀の科学的文明社会は、自然破壊や汚染などの公害を生み出した。文明社会の結果的公害に対応するために、日本でも一九七一（昭和四六）年七月に〝環境庁〟（現環境省）ができた。

だが、科学調査を重視する環境庁の役割は、人工的な公害を追放し、改善し、未然に防ぐことであって、国民を育成したり、人の心を豊かにしたりすることではない。

自然を科学的に知ることは、学問や技術のためには大事なことであるが、自然とともに生きるためにはそれほど重要なことではない。

もし、一二～三歳までに、公害対策や未然防止としての環境教育を強くされすぎると、やがて彼らは社会批判をしがちになる。いやなこと、汚いこと、悪いことなどの負の遺産を多く教え、伝えられた子どもたちは、社会のよりよい後継者・国民にはなり難い。

③国民とは共通性をもつ人々

この地球上の自然は千差万別であるが、それに応じて人間の適応の仕方が変わり、考え方が変わって文化の違いを生み出してきた。民族が異なるから文化が異なるのではなく、人間集団を取り巻く自然環境が異なるから、文化が異なり、民族が生じてきた。

これまでの国民は、民族的日本人と社会的日本人がいた。しかし、これからは、例え世界連邦国が誕生したとしても、日本列島に住む国民は、日本の豊かな自然を信じ、住みよいところであると思うことのできる共通性をもつ、社会的日本人であることが必要条件である。

このような日本の自然を信じる人たちが、力を合わせて努力、工夫をすれば、いかなる時代にも対応できる。

外国人の尻馬に乗って負の遺産を伝えるよりも、〝日本は自然の豊かな神々の国〟であることを、大人が自信と誇りをもって伝えれば、子どもたちは必ず一人前な国民に育つ。いつの時代にも子どもたちの希望は、大人になることなのだ。

④今必要な国民化政策

日本には朝鮮半島や中国大陸系・その他の人や混血の人が多く住むようになっている。

一世は仕方ないとしても二世、三世以後も日本に永住しようとするものは、国策として日本人化を促すことが必要。今日の科学的文明社会においては強権的になすべきではないが、日本の安定・継続に必要な生活文化を共有するために、同化政策があってしかるべきである。

欧米や中国大陸のような多民族・多文化社会の国家統合は理性的には困難なことが明白になっている今日、日本の五〇年、百年先に不安定な多民族国家にならないためには、情に流されることなく、国民化政策を実施することが〝ころばぬ先の杖〟的に必要なのである。

⑤文部省のなすべき自然教育

人類は、自然とのふれあいによっていろいろな考えや複雑な感情を身につけ、さまざまな道具を作ってきた。それらを〝文化〟や〝文明〟と呼んでいる。その文化とは、あるがままの自然に順応するための考え方や感情であり、文明は、都合のよい環境を作るための手段や道具のことである。

その自然の摂理を探求することが科学することであり、文明化への道である。文明化しすぎると自然を破壊しがちになるので、その度合いが大切である。

環境庁のなすべき環境教育は、科学的対処の知識や技術を伝えればよいが、国民を育成し、人の心を豊かに培うために文部省（現文部科学省）がなす自然教育は、古来からの人と自然のかかわりである、生きる知恵としての生活文化を伝えるべきである。

世界で最も進んでいたと思われる日本の伝統的な教育は、自然とともに生きる心得としての文化教育であったが、今日の学校教育は、環境庁的な公害教育や自然を擬人化したゲーム的な文明教育になっている。

これからの文部省がなすべき自然教育は、日本の自然の豊かさ、美しさ、面白さ、厳しさなどを体験的に伝え、日本の自然を愛する同胞を育成することだ。

いつの時代も、子どもたちは、自然とともに生きる伝統文化と栄辱によってよりよい社会人・国民に育つ。

〝我が同胞よ、我らが緑なす大地を信じ、子どもたちを培い、豊かな自然を崇めよう〟

(2) 国語と自然環境

①言葉の始まり

言葉の始まりは、自然環境の具体的な認識（形）によるものであり、話し言葉は、自然と共に生きる感性（心）の表現方法であった。

素朴な話し言葉を大別すると、自然環境順応型と反抗型の二種になる。例えば、順応型ははる（春）、はえる、うつくしい、あめ、ながれる、たべる、ありがたいなどであり、反抗型はき（着）る、き（切）る、りょうり、たがやす、うえる、とめる、きたない、こわいなどである。

人間はもともと自然の恵みを得て生活していたが、自然現象を利用するようになって集団的な社会を営み、共通の言葉が必要になった。しかし、チンパンジーやゴリラのようにごく単純な発声によるものであったにちがいない。

話し言葉は、体験を共にする人の共通語であり、自然現象の認識を共有する、地域性の強いものであった。

人口が増え、社会的共通性が広まるにつれ、日常的な話し言葉の共有が広がり、部族集団が形成された。

言葉は、人間が勝手気ままに作ったものではなく、自然環境に順応して生きる人々の共通した感性が育んだもので、人間を取り巻くあらゆる自然現象が作らせたものである。

②言葉は生活用語

話し言葉は、自然環境に順応して生きる人々の生活文化の一つで、協同または共通体験による生活用語であった。それが一定の規則によって話されるようになり、より広範囲に通用する文字で表現されるようになると、言葉という定形化された文化になる。

言葉が基層文化となり、社会性の必要条件になることによって民族が形成される。民族は意図的に作られるものではなく、生活文化の共通性によって形成されるものである。

生活文化の共通性による生き方、生きざまが生活のリズムを培い、規範や感性を育んできた。そして、社会の集団性の向上が、喜怒哀楽や複雑な意志伝達の言葉の発達を促した。

民族集団の文化的発達によって、生活様式が固定化されると、言葉がより正確に使われるようになり、文法が確立される。社会にとって正確な言葉は文化的に活用され、政治的には統一国家に必要な共通語〝標準語〟〝国語〟となる。

国語は生活用語であるとはいえないが、文字や言葉は共有すべき生活文化であり、習慣的なものであった。

生活用語として育まれる言葉は、自然環境に培われた文化で、間接的な表現の手段である文字によって理解できるものではない。

③母語はすり込み現象

日常生活に必要な自然現象、衣食住、感性、感情、観念など、あらゆることすべてを自由に表現できる言葉が〝母語〟である。

母語は、文法を感知しない話し言葉で、原体験の裏づけがあり、感情によって反射的に話せる生活用語だ。

話し言葉が母語になるのは、神経細胞の樹状突起が盛んに発達し、刺激に応じて神経回路網が最もよく作られる一一、二歳頃までの生活体験によるものである。人間の神経は、一四歳頃までに発達しきるといわれているので、その後に母語とするのは容易でない。

私たちは、一二歳頃までに慣れ親しんだ言葉が母語になりやすい。形よりも心を求める母語は、地域性が強く、親や周囲の人々と同じ言葉で、一種のすり込み現象によって記憶されたものである。

原体験がなく、文字で習い覚えた言葉は、母語とはいえない。今日の国語が、日本人にとって必ずしも母語でなくなっているのは、原体験が少なく、学習によって覚える言葉になりつつあるからだ。

④国語教育は自然認識から

言葉は変わりにくい面と、変わりやすい面がある。生活文化としての言葉は変わりにくいが、社会環境の変化によって起こる形の伝達用語的な言葉は変わりやすい。

国語は、この二面性をもっている。科学技術の発展によって起こる、文明的社会現象としての言葉は、若い世代が使いやすい形式用語で、変わりやすく定着するとは限らない。

もう一方の生活用語としての言葉は、自然現象や生活文化を表現するもので、社会現象によって簡単に変化するものではない。これを変えることは革命であり、民族や国家のアイデンティティーを失うことになる。

文部省（現文部科学省）には〝国語審議会〟（現文化審議会国語分化会）があるが、言語学審議会になりがちで、その委員には自然現象や生活文化、文字や言葉、母語について造詣の深い人は少ない。

日本の国語教育は、読み、書き、話す、聞くことの形から始まり、高学年になるに従って、文法重視の文字による言語学教育になっている。国語の教員が自然環境や生活文化について無関心であったり、教員養成大学の教授に植物や自然現象に無知な者が多かったりする。日本の自然現象と生活文化を知らないで日本語を正確に理解することは困難だ。

現代用語は、社会現象の形に敏感な若者の多くが、自ら体験的に習得するが、基層文化ともいえる心を培う生活文化としての言葉は、自然と人間のかかわりを知ることによって理解される。自然環境教育とは、まさに生活文化や倫理を伝える〝心の育成〟であり、国語教育になくてはならない体験的学習なのである。

これからの小中学校の国語教育は、形よりも心を大切にする自然環境の具体的な認識を重視する必要に迫られている。

（3）戦争を遺産とする知恵

①総懺悔の八月

静かな青空に太陽が燃え、地上にかげろうが踊り、緑に包まれた樹々に熊蝉が大合唱する暑い八月一五日、四国西端の、稲穂がむせるように香る田舎で、戦争が終わったこと、負けたことを知らされたのは五歳の時だった。

それ以来、もう六九回も八月を迎えたが（二〇一四年現在）、毎年、毎年飽きることなく、太平洋戦争という過去のできごとへの恨みつらみがこもった国民的総懺悔を見たり、聞いたりしてきた。

それは、他国を侵略し、多くの人々を苦しめる戦争をした日本は、大変悪い国だと、一方的に詫びていることでもあった。

しかし、これまでに戦争をしなかった民族はいなかったし、戦争は誰が、何のために、何故を考えねばならない相互的行為なのである。

②かつての戦争は民族遺産

戦争とは略奪、強姦、殺戮などを繰り返す集団的行為なので、誰もが恨み、決して繰り返してはならないことを皆が承知している。しかし、これまでの民族集団は、安全・安心・権利欲を御旗に、少々の犠牲を承知の上で紛争や戦争を起こしてきた。しかも、負けた民族ほど、戦争よりも人を憎み、恨みがちになる。

どんな戦争も相手がいることなので、よい戦争などない。しかし、かつての戦争は民族の歴史的遺産とし、未来への知恵とすべきことで、自己否定したり、相手のせいにしたりすべきことではない。

日本は、中国や韓国から、七〇年以上も前の戦争による、南京事件や靖国神社と慰安婦問題などを誇張されて、今も外交的に非難されている。

しかし、もしも日中戦争がなかったなら今の中国はなかったろうし、朝鮮半島がソ連の領土になっていたら、今の韓国はなかったにちがいない。

歴史を仮定してはいけないが、当時の日本人はよかれと判断し、決意の下に起こした民族戦争であったので、後世の我々が、それらを非難することは、歴史的民族遺産を否定し無国籍的発想になりがちだ。

③過去を否定しない教育

人は歴史を旅する動物であり、時はかげろうのごとくうつろいやすく、ものはいつか形をなくして消えてゆく。過去は反省しても、負の遺産とすべきものではない。

日本は過去において確かに日露戦争を起こして朝鮮半島を併合し、日清・日中戦争をした。そして、アジアの大半や太平洋諸国を巻き込んだ大東亜戦争や太平洋戦争とも呼ばれる大きな戦争もしてきた。

当時の日本の指導者たちは、経済的、資源的、領土的に配慮して、日本国によかれと政治的な判断を下しての戦争であったと思われる。

しかし、日本国が資源や領土獲得、欧米諸国からの植民地解放、そしてアジア諸国の独立のためと大儀の御旗をいくら振っても、相手にとっては独善的、侵略的、植民地的でしかない。

古代から、勝てば官軍負ければ賊軍といわれてきたように、勝者側の立場が有利になることは今も変わりないが、敗者が自己否定したり、罪悪感があったりすれば、やがて民族意識が欠落して、独立心を失うことになる。

よりよい発展と平和を望むなら、自国にとって悪いことは二度と繰り返して起こさないための青少年教育に努力・工夫をし、民族の自立を図るのが政治家や教育者の務めである。

④戦後七〇周年を閉幕記念に

日本は中国大陸における内蒙古の平原でのノモンハン事件、ニューギニア島における飢餓戦争、そしてミャンマー（ビルマ）とインドとの国境にあるジャングル地帯におけるインパール作戦など、自然環境を無視した、座学的な作戦による戦争によって、多くの将兵を失い、多くの国の人々に多大な犠牲を払わせてきた。

しかし、この半世紀をかけて世界各国を踏査してきた私には、人類史的見地からそれらの戦いを無役とか無謀であったとすることはできない。ただ、私たちの親の世代の日本人が、積極的にはるか遠くまで遠征した歴史的事実によって、今日の日本やアジア諸国があり、一億二千万余の日本人が、安全に、安心して暮らせていることだけは認めたい。

戦争に勝った・負けたのは歴史上のことで、これからの私たちは、日本国の新しいあり方をしっかり見定めて、人類の平和と安全を考えて再出発する必要がある。

そこで、二〇一五年八月に戦後七〇周年を迎えるにあたり、私は、かつての戦争を遺産とし、戦後という時代に幕を閉じるために、もう一度インパールの地に立って、三万もの将兵を亡くした日本人の行為を、人類史的に考えてみようと思う。

二〇一四年一二月中旬からベトナムのハノイを出発して、約四〇日をかけて陸路ラオス、タイ、ミャンマーを通って、インド東北部のインパールに向かう踏査旅行を、私の戦後を閉じる記念として実行する。

（4）祖国日本を信じよう

〝この度の東日本大震災で亡くなられた方々のご冥福を祈り、被災された方々にお見舞い申し上げ、一日も早い復興を願っている。〟

①自然の畏怖的現象

日本は地球上のどこの国よりも豊かな自然である山や川、平地や海に恵まれている。その自然と共に生きてきた私たちの先祖たちは、摩訶不思議な自然のあり様を十分に受け止めて、なんとか折り合いをつけながら生き、活きて、長い長い歴史を積み重ねて来た。

日本の大地で生き続けてきた先祖たちは、大地が変化して振動し、海水が変化して津波となる、自然の畏怖的現象を十分に知っていた。そして、その自然と共に生きる知恵を〝生活文化〟として、子々孫々へ伝えてきたはずであった。

しかし、欧米的な合理主義の便利な生活になじんだ私たちは、天然の飲み水を無視して加工水に頼ったり、自然に挑戦し、それを征服できると思い込んだり、発展と豊かさのために天然資源をくいつぶしたりしていたのではないだろうか。

②何もなくなった

平成二三年三月一一日、午後二時四六分頃、三陸沖の太平洋下で、長さ四〇〇キロメートル、幅一五〇キロメートルにわたって、ユーラシアプレートに潜り込む太平洋プレートによって、地殻破壊の変動が三回も連鎖的に発生し、断層が二〇メートルもずれた。そのためマグニチュード九・〇という、世界で四番目の巨大地震が発生すると共に、一〇メートル以上もの大津波が発生して沿岸を襲った。

三陸沖で大地震や大津波が数十年~数百年ごとに度々発生することは、多くの人が知っていたが、この数十年来、生活文化としては十分に伝承されていなかった。

しかし、今回の震災の規模は想像を絶するもので、福島県以北の太平洋沿岸の町々をことごとく破壊し、押し流してしまった。

厳しい自然と、なんとか折り合いをつけながら築き上げた日本人の営みを、僅か数十分で呑み込んだ津波によるゴーゴーたる濁流は、夢・幻のごとく、何もかも跡形をなくした。

被害の現場にいた人々よりも、私たちの多くがテレビの画面でリアルタイムに、高さ一〇メートルから二〇メートルもの津波が、防波堤を越え、家々や車を呑み込み、田畑をなめつくし、工場や飛行場にまで襲いかかる状況をつぶさに見た。

人間の叡智を越えたあまりにも甚大な自然災害は、我欲に走り、科学的技術を過信していた日本人の肝を冷やし、何もなくなった痛ましい現象に自然の畏怖を感じさせた。

③略奪も暴動もない信頼社会

東北、関東大震災発生以来、被災地の状況を毎日テレビで観ている。報道によって知れば知る程災害の大きさに驚かされ、被災者の心身のやすらぎを願うと共に、我が同朋の秩序ある社会的モラルの高さに感動させられた。

私は、これまで四六年間に世界一四二か国を探訪し、いろいろな状況を見たり聞いたり体験してきた。地球上のどこにでも自然災害は起きるが、たいていの国や地域で、二次災害的な窃盗、略奪、強姦、暴動などのような人災が発生したり、多くの人が不信感や不安感を抱いたりして、大声で泣き叫ぶ姿を見てきた。

テレビの画面に観られる東北地方の被災者の悲しみや動揺、不安などは手に取るように伝わってくる。しかし、多くの人々がそれらを越えて、われ先にと押し合うことも、奪い合うこともなく、比較的落ち着いて理性的である。

被災者たちのそのような社会的あり様は、日本が世界で最も安全な秩序ある国であり、共通の生活文化による安心感であり、信頼によって結ばれている民度の高い社会であることの証明でもある。

世界の人々にとっては、大災害の後の不安状態でも略奪も暴動も起こらない日本人社会の、信頼的、協力的あり方は、知れば知るほど驚嘆させられることなのだ。

④守ろう日本

私は外国から帰る度に、大地にひれ伏して感謝し、日本が安定・継続するよう願い、日本を守ろうと誓った。

そのためには、社会の後継者である青少年に、私たちの生活文化を伝承し、よりよい社会人になってもらう機会と場を作ってやることだ。

自然災害は人類共通に体験することで、ひ弱で無力な子どもたちは、いざというとき、互いに助け合い、励まし合い、困難から脱出する知恵を大人から見習っておくことが、いつの時代にも必要なのだ。

大都会の東京に住む私は、昭和四四年から毎年二回、「新宿―青梅四三キロかち歩き大会」を開催してきた。老若男女が共に長い距離を、飲まず食わずで歩くことは、自然災害の多い日本でいざというときに最も役立つ、飢えや渇きを体験し、多くの人と協力し、助け合い、信頼し合うことを青少年に知らしめる。かち歩きは、食べ物や飲み物を断つことが目的ではなく、食べ物のありがたさ、うまさを知り、与えてくれるものへの感謝と渇きや空腹を知らしめるための自己鍛錬なのだ。

祖国日本は、我々一人ひとりを必要としている。我々は国に守られていると同時に、一人ひとりが国を守っているのだ。

廃墟となった東北の太平洋沿岸の町々で生き残った人々は、日本を信じて一人ひとりが立ち上がろう。我々日本人は、自然災害を承知の上で、皆が知恵と力を合わせて再出発だ！

〝いく度も　食べたり寝たり話したり　被災の波に思い巡らす〟

（5）千三百年間の戦略的"大嘗祭"

①大嘗祭の起こり

令和元年五月一日には新天皇が即位し、一一月一四日から一五日にかけては大嘗祭が挙行される。

その大嘗祭は、天皇が即位後に、初めて皇祖及び天神・地祇に新穀をお供えして共食し、国家・国民の安寧と五穀豊穣を祈念する儀式で、第四〇代の天武天皇（即位紀元六七三～六八六年）によって始められた。

当時はまだ天皇制や日本国は確立されていなかったし、朝鮮半島における白村江の戦い（六六三年）で、唐・新羅連合に惨敗し、外敵に不安が興じていた。

壬申の乱（六七二年）で勝利した天海人皇子が、六七三年に即位して天武天皇になったが、国内では戦乱が続き、皇統は危機に晒されており、国外の唐や新羅の圧力に対抗し得るには、強固な国と支配体制を整えなければならなかった。

天武天皇は、統制機関としての天皇制を制定し、社会の安定・継続を図る手段として、弥生時代からの新嘗祭を活用し〝大嘗祭〟を考案したものと思われる。

何より、天武天皇がすごかったのは、〝倭〟を「日本」にし、〝大王〟の呼び名を「天皇」にしたことである。ここに初めて〝日本国〟が誕生し、天皇制が確立された。

大嘗祭は、それ以来一三〇〇年間もほぼ同じ内容で、今日まで続けられている。

②食料確保の儀式

人類は、古代より食べ物を採ったり、栽培したり、保存したり、料理することによって生活文化を培い、それを子々孫々に伝えてきた。

稲は奈良、平安時代から日本人を束ね、食生活文化を豊かにし続けてきた。極論すれば、稲が日本人を定住させ、日本人たらしめてきた。そして、大嘗祭によって天照大神を祖神とする天皇制を維持・継続させてきたともいえる。

大嘗祭は、宮内庁が亀の甲を焼く卜占によって決められた、東西二か所の斎田で栽培された神聖な稲の実・米によって行われる。それは天皇一代一度の大変重要な儀礼で、米と天皇と神（天照大神）を結びつける大祭でもある。

天武天皇は、大嘗祭の儀式における天孫降臨神話によって天皇の神格化を確立し、食料を確保して国家の安寧・継続を図ろうとしたので、米なくして大嘗祭は成立しないし、天皇制は今日まで継続し得なかった。

③日の出と日没地からの供納米

大嘗祭は、新天皇が天神・地祇に新穀を供え、共に食べて国の安寧と豊穣を祈る儀式だが、その稲を栽培する京都より東の悠基、西の主基斎田地は、亀の甲を焼く卜占によって選定される。

弥生時代からの新嘗祭は、各地から奉納される新穀を使うのに、大嘗祭では卜定された東西二か所からだけの、神聖な米でなければならないのは何故なのか。

太陽の化身ともされている、天照大神を祖霊神とする天皇にとって、東に昇って西に沈む太陽の物理的原理に従うことが、絶対的真理であり、民衆を納得させやすいことでもある。

日の出と日没の地である東西二か所から、神聖な米が供納されて、天皇自ら天道様の太陽神（天照大神）を天から降ろし奉り、共に新穀による米飯を食べ、稲魂に感謝することは、自然神を敬う日本人には、理にかなったことである。

④神社信仰と氏子の務め

人が人を支配し、働かせるのに最も大きな力は、権力や権威よりも食物であることは、古代の弥生時代から明白な事実である。

しかし、人間には理性や感性による心理作用があるので、単純ではない。時には理性が物欲に勝って反抗したり、死を選ぶことさえある。

人は特別な使命を負わされると、自負心や責任感が強くなり、向上心が高まる動物であるが、大嘗祭における東西の斎田者たちの使命感は、その心理的作用をうまく利用した、最も抵抗感の弱い心理的支配を強くした。

大嘗祭は、稲作農耕民である民衆と天皇や天照大神とを、稲を通じて結びつける、絶対的な方法であり、神社信仰の中心である伊勢神宮の氏子たらしめる永遠なる戦略でもある。

一人の人間が、先祖であり祖霊神でもある天皇に即位するために、欠かすことのできない儀式としての大嘗祭に、東西の斎田で栽培された、神聖な米が供納されるのは、神社信仰の氏子にとっては、大きな役目を果たすことでもある。

ここでの天皇は、一人の人間ではなく、日本人を束ねる統治機関としての象徴的な存在であり、王冠や王衣のような、身につける人が代わっても、変わることのないものである。

日本人にとっての千三百年も続く大嘗祭は、先祖であり、祖霊神である新しい天皇を迎えることができた、安心感や心の拠り所を確認する儀式であり、氏子としての大きな役目、務めを果たす行事でもある。

2　日本の安定・継続のために

(1) 日本の安定・継続と少年教育

①大義が薄れた日本

日本は、世界一長い歴史のある珍しい国で、国体が一千年以上も継続していた。そのことは、諸外国にとっては羨望であり、文化的脅威であった。

しかし、第二次世界大戦で敗戦国になった日本は、長きにわたり戦勝国の立場で教育され、日本批判と国際化が強制され、日本国への大義が矯正されてきた。

特に、戦勝国のアメリカは、日本を支配する最善の策として、大義を欠く日本人の育成に尽力し、その尻馬に乗った知識者集団が同化作用を起こして、見事に国際化重視の経済大国日本を復活させた。

その代わり、日本の生活文化を知らない日本人、特に文献中心の知識人が多くなった今日、日本はものは豊かになったが、利己的・利那的・無国籍的な国際人が多くなって、日本国への大義が薄れた社会になっている。

②情報過多社会への不安

これまでの人類は、あらゆる災害に対応し、よりよく長く生きるために、いろいろな工夫、改善をなして、今日の豊かな科学的文明社会を作り上げてきた。

今回のコロナウィルス感染拡大によって、一層科学的技術を発展させ、IT・AIなどによってオンライン化やテレワークなどが、ますます進化・発展し、合理的で効率よく目的を達する、発展的社会の時代になった。

しかし、経済的活動を中心に考えると、明るい未来像だが、社会生活の面からすると、人間を孤立化させる危険性があり、オンライン学習やテレワークなどは、人間疎外になりがちで不信社会になる。SNSなどは、個人的には便利なのだが、社会生活的には不都合が生じ、利己的な人が多くなる。しかも、大義が薄れた日本は、不安定社会になりかけている。

今だけ、金だけ、自分だけを中心に考えがちな人が多い利己的な不信社会は、心理的には不安定で、不安・不信・不満が募って、日常生活における引きこもりなど、社会的適応が困難になる人が多くなる。

人間は、安全・安心が守られるならば、利己的に生きるのが理想であるが、大義を欠く不安定な情報過多社会では、個人的には守りきれないことが一層多くなり、不安がつきまとう。

③安定・継続に必要な生活文化

科学的文明社会になった今日の日本では、子どもたちのいじめや登校拒否、引きこもりなどが多くなり、大人の引きこもり、児童虐待、生活保護、孤独死などの人も多くなっている。

これらは、少年期において異年齢の集団遊びなどをしないで、社会人としての生活文化の準備ができていなかったための、大人になってからの結果的現象であり、未成熟な大人のあり方が子どもに影響しているのである。

私たちの安全・安心に最も必要なことは、他との生活文化の共有である。言葉・風習・道徳心・生活力などの生活文化を共有することが、よりよく生きる知恵や力であり、方法なのである。生活文化の中でも、民族、主義、思想、宗教などを越えて最も重要なのが道徳心。

私たちは、社会生活における生き方、あり方、考え方、感じ方などに関する暗黙の了解事項を作り上げ、ごく普通に生活している。その暗黙の了解事項である道徳心こそ、人類に共通する社会人の基本的能力。

そのごく当たり前の生活文化を共有することが、大義を重んじて安全・安心な社会生活や国際化への重要な道標なのである。

④少年期に必要な生活体験

私たちの神経は、五歳頃から発達が活発になり、一四、五歳にはほぼ終わるとされているので、ここでの少年期とは、六歳頃から一五歳までとする。

一般的に青少年教育とは、社会のよりよい後継者を育成する社会人準備教育のことで、学校教育はその手段である。社会人準備教育の公的側面からすると、六歳～一五歳までの少年期が最も効果的であり、重要なので、ここでは少女も含めて少年教育とする。これからの科学的文明社会におけるオンライン学習やテレワークは、人間を孤立化させ、人間疎外になりがちなので、これまであまり重視されてこなかった生活文化を、少年期に身につけさせる体験的学習活動（体験活動）の機会と場を、公的に与えてやることが重要。

私たちの社会生活に必要な情報としての生活文化とは、その土地になじんだ衣食住の仕方、あり方などの生活様式としての伝統文化であり、社会遺産である。

日本は戦後の知識偏重教育で、地域の生活文化を知らない人が多くなっているので、よい、悪いとか、古い、新しいとかの理屈ではなく、これからの日本国が安定・継続するには、よりよい地域の人を育成することが、よりよい日本人の育成であることを承知して、各地方で少年少女が、異年齢集団の生活体験をする公的な機会と場が必要なのである。。

（2）日本人からの出発

日本人は、まずしっかりとした日本人であることが、国際社会に生きる資格であり、自分たちの文化を大事にすることこそが国際化への道であることを、承知することが必要。

①不明な日本人像

この数年来、日本に日本人がいなくなりつつあるのではないだろうかと考えさせられている。それは、日本人の大半か、国際化という経済活動のための理想に近づこうと努力、工夫はしているが、日本と日本人について知ろうとする努力や工夫が少ないように思える。

そのことを最も端的に表してくれたのが、昭和六一年一一月末の大韓航空機爆破事件の犯人とされているキム・ヒョンヒ（二六）の供述による、リ・ウネなる人物を介しての日本人像に対する日本側の対応である。

韓国捜査当局は、昭和三二年生まれのリ・ウネなる日本人女性像を、マスコミを通して次のように発表した。

食べ物　洋食・ハンバーグ・春巻きを好む。しかし、和食の風習も強く、ご飯よりも先に、大きな食器に入って出てくる汁をスプーンですくって飲む。そして、生大根の千切りにしょうゆをつけるのが大好物である。

飲み物　ブラックコーヒーを飲み、酒好きで、酒の種類をよく知っている。ウィスキーには目がなく、サイダーで割って飲む。

習慣および態度　椅子に座るときは、足を組んで座り、別れの挨拶は、手を上げて大きく振るくせがある。日本人や西洋人の女性はむだ（うぶ）毛か多く、大部分かみそりでそる。

このような日本人像に対して、日本側の否定行動はなかった。国会議員は与党も野党も黙っていた。知識人やジャーナリスト、学生たちも反論しなかった。それどころか日本中が大騒ぎになり、警察庁は、多くの労力と費用を投じて、一〇年近くも前の、二七〇〇人以上もの行方不明者を一ヵ月以上も捜査した。しかしリ・ウネなる人物に該当する者はいなかった。

中央アジアから東の諸民族の生活文化を二〇年近くも踏査してきた私は、この不可解なる日本人像について、多くの日本人に尋ねてみた。四〇代以上の日本人の大半は、「日本人とは違うと思うが…?」と、多くを語ろうとせず、「若い人はこんなだろうか?」と否定はしなかった。三〇代以下の日本人は、「わからない。しかし、こんな日本人もいるでしょう」と気にもかけなかった。

これはかつての民族的日本人像ではない。しかし。日本で反論が起こらないということは、すでに日本人像が不明になり、民族的特徴の認識が弱くなっている。

②生活環境の変化

自然環境に順応していく人間の知恵と方法が文化なのであるが、この地球上にある自然は千差万別であるので、それに応じて適応の仕方が変わり、文化の違いを生み出してきた。民族が異なるから文化が異なるのではなく、人間集団を取り巻く自然が異なるから文化が異なり民族が生じる。

日本の植物は四月に一斉に芽を吹き、花を咲かせるものが多い。特に桜の花は、日本人にことの始まりを告げてくれるものとなっている。日本人は、他国の異なった自然環境によって培われた文化を移入しても、時の流れに従って日本風に変えてきた。

ところが、今日の日本では、自然とのかかわりの弱い生活が一般的になり、風習は伝承されないままになっているので、基層文化ともいわれる衣・食・住、それに言葉までが、他の文化とごちゃまぜになっている。だから、環境を自分の都合のよいように変えていく方法、手段や道具などである文明の利器を優先的に認めがちである。また、情報や物資流通の量が多くなり、先端技術の開発が進んでいるので、環境がよく整備されている。このような生活環境では、人間は集団行動を好まなく、共通性をもとうとしなくなりがちで、肉体労働や耐乏生活を敬遠しがちになる。

自然の一部である人間が、自然と共に生きることを好ましく思わなくなり、集団生活になくてはならない生活文化の必要性を認めなくなれば、社会人である意識が弱くなり、自然に順応する知恵に欠け、ものや金と自己中心の生活にならざるを得ない。

③社会の繁栄と衰退

一九六六年にしばらく英国のロンドンに暮らした。もう記憶が薄れているが、六四年頃の英国の一ポンドは一一八〇円であったように覚えている。その二年後、私がロンドンを去るときには確か八六〇円くらいに下がり、英国の経済状態は悪化の道をころげ落ちていた。そして一九八二年の今ではなんと一ポンドが二四〇円である。

当時のロンドンは地下鉄や街、駅などが汚れていた。それは、民族的英国人が二、三〇パーセントしか住んでいなかったからかもしれない。大半の住人はアジア、アラブ、アフリカなどの諸国からきた社会的英国人で、社会秩序がよいとは思えなかった。

英国は、一八世紀から二〇世紀中葉にかけて〝パックスブリタニカ〟と呼ばれるほど巨大な経済力をもち、多くの植民地を作っていた。だから、一般的な英国人は、国内で努力や苦労をしなくても、技術や教養を高めなくても、植民地に行けば優遇され、支配者になることができたので、それほど質のよくない英国人がどんどん海外へ出た。その反対に、労働者が多くの国から移入されていた。ところが、第二次世界大戦後、植民地の多くが独立し、英国人たちは帰国せざるを得なくなった。

海外で暮らした民族的英国人の多くは、植民地貴族であったが、英国貴族ではなかった。六〇年代の英国には、労働意欲の少ない、活力と想像性の乏しい英国人が多くなっていた。英国はやがて、社会的、経済的にゆきづまり、英国病と呼ばれる社会の内部衰退を招いた。それは、大英帝国時代の豊かさの中で、質のよい社会の後継者をより多く培うことを忘れていたからでもある。

当時の日本は貧しかった。しかし、昭和六二年の今ではかつての大英帝国に勝るほどの経済大国になっている。だが、人類史上、社会の繁栄と平和が永遠であったことはない。日本は、英国と同じ轍を踏まないように、社会の内部衰退を防ぐことであるが、民主主義社会ではすべてを国民がなすことである。

④日本人らしく

中国大陸やヨーロッパ諸国のような多民族国家の盛衰は、一民族の盛衰にはあまり左右されない場合があるが、日本は生活文化を共有する単一民族的な国家だったので、社会と民族・国民の区別がない。しかし、これからの日本は、民族的日本人だけでなく、社会的日本人も多くなってくるので、国際化するには、国民が日本人化する必要性が強くなってくる。さもないと、日本人社会を営むのに大きな支障となる。

野外文化研究所が、日本の〝野外伝承遊び〟を全国的に調査した。それによると〝隠れんぼ〟〝鬼ごっこ〟〝縄とび〟などは、過去六〇年間、九〇パーセント以上もの男女が遊び続けてきた。これらは日本人の共通性であり、心のふるさとであるので、日本人であるための証明のようなものである。

今、世界の多くの人々が、経済大国になった日本を学んでいるのだが、基層文化の代表ともいえる日本語に、多くの外来語が含まれている。現代の日本語を学ぶ人々にとって、欧米諸国の言葉まで学ばねばならないのは理解し難いことである。

日本人は古代から外来語を混ぜて書いたり話したりするのが好きなようであるが、文化には独自性があるものなので、自分たちの文化をもう少し整理し、大事にしなければ、他国の風俗習慣を理解し得ないし、また理解され難い。横文字の多い日本語は、日本人にも大変難解な一面があるので、発想や表現があいまいになり、意志伝達が不十分になりがちで、社会人の共通性を欠くことになる。

人間が生活するために働く目的は、古代から少しも変わっていない。それは、十分な食料と安全な住宅と、身につける衣類を得るためである。最も大事なのは食料であり、日本人の主食は米と魚である。食料は武器に勝る戦略物資で、食料がないと社会を守ることは不可能である。日本人がパンや肉を食べ、米まで輸入するようになっては、国を守ることはできないし、国際化の虚飾に平和と繁栄を失うことになる。

（3）人民融和のための青少年教育

風習や道徳心は、人民が自ら融和を図る知恵として今日まで伝承されてきたが、青少年教育はまさしく人民融和を目的として行われることが重要である。

①自然環境と食文化、米

自然の一部である人間は、太古より自然に順応・適応しながら生きてきた。この地球上の自然環境は千差万別であるが、それに応じて人間の適応の仕方が変わり、文化の違いを生み出していく。民族が異なるから文化が異なるのではなく、人間集団を取り巻く自然環境が異なるから文化が異なり、民族が生じることはすでに記した。

日本人の思考が複雑で、控えめなのは、四季のはっきりしている日本の自然が複雑で、豊かすぎるからである。乾燥地帯や砂漠に生きる人々の思考が具体的で、自己を主張するのは、自然が単調で貧しいからである。

日本で家や町をつくろうとすれば必ず草木を切らなければならないが、砂漠や荒野では必ず樹木を植える。そして、みだりに切ったり、倒したりした者は罰せられ、植えた木はみんなで大切に育てる。大きく育つと、人々はその木の陰で憩う。日常生活に不可欠な場を求めて樹木を植え、育てるのであって、観賞用ではない。

自然が豊かで、四季のある日本では、季節が神の恵みを運んでくれるので、生活のために移動する必要がなかった。四季は人々に待つことを教え、手にしたものを最高に加工し料理する工夫の喜びを与えた。だから、日本人の特徴は、ものを追いかける開拓精神よりも、大きな力をもった自然と共に生きる〝待ち〟と〝工夫〟の文化なのである。

その最も重要なものが、二千数百年から三千年も前に中国大陸から渡来し、改良と工夫を加え続けてきた米なのである。稲は四季のある日本の温暖な気候によく合い、厭地性が弱いために、同じ水田で、何百何千年間も栽培し続けることができた。そのため、日本人の主食となって今日にいたっている。だから、米は単なる食料品ではなく、日本の自然環境に順応して生きてきた日本人の心であり、ふるさとであり命なので、生活文化そのものである。

②基層文化の共有

青少年教育で大事なことは、彼らが文化の伝承者だということの認識である。なぜなら、文化は机上の知識で伝えられるものではなく、青少年時代の体験や見聞が、時を経て得た知識と知恵によって納得されてこそ伝承されるものだから。

青少年教育の基本は、いろいろな遊びや生活体験、自然とのかかわり合いや心身の鍛錬そのものであり、親が知っていることのすべてを伝えることである。これこそいつの時代にも変わらない人づくりの原点である。子どもたちは教え、伝えられた文化を、社会の変化とともに改善し、よりよい文化へと発展させるのが常である。

ここにいう〝文化〟とは、社会人に必要な基本的な行動と心理状態（知識、態度、価値観）のことであり、文化人類学的な表現をするならば、社会の構成員に共通した行動や生活の様式を指している。

一般的に文化と呼ばれる伝統的なものには、社会の表層と基層をなす二種がある。芸能・音楽・美術工芸・文学などの表層文化は、個人的かつ流動的である。これらは人類に共通した感性によって培われて発展し、生活にうるおいをもたらすものとされている。今日の日本では、この表層文化を文化とみなしがちであるが、これが重要視されすぎたり、華美になりすぎたりすると、社会が退廃する。

衣食住、言葉、風習、心身の鍛錬などの基層文化は、自然環境に順応して社会生活を営むための基本であるので、地域性が強く、親から子、子から孫へと伝承される生活文化である。これを共有しないと、意思伝達が十分でなく、社会の一員になり難い。今日の日本では、これが無視されがちで、社会人としての基本的能力に欠けた青少年だけでなく、成人した大人が多くなっている。

米は、日本人にとって基層文化であり、親から子、子から孫へと伝えられ、その時代に応じて、いろいろな工夫と改善が加えられてきた。人間にとって最も大事なものは、生命とこの基層文化なのである。多くの民族にとっての防衛とは、生命と食料を守ることであった。それからすると、米は日本人にとっていつの時代も、伝えることを怠ってはならないものであり、守らねばならないものの一つである。

③生活の儀式

人間は、これまで長い間、社会生活が平穏無事に営めるよう、いろいろな工夫を凝らしてきた。中でも、日常生活でお互いの融和を図るために、誰もができる共通の約束ごとをつくってきた。それが、風俗習慣や道徳心とも呼ばれる、人間らしく生きるための基層文化としての生活の儀式なのである。

例えば、朝夕の挨拶や、食事前に「いただきます」といったり、はしで食事をしたり、あぐらを組むことは、親しみを強め安心感や満足感などを与えてくれる習慣的なことである。また、身体の弱い人や年寄りなどをいたわったり、困った人を助けたり、幼少年を育んだりすることは、社会人にとっての素養で、道徳心と呼ばれる心得なのである。

こうした生活の儀式は、いかなる社会でも日常茶飯事なことで、教育などと呼ばれるようなものではなかった。しかし、今日の日本では、その当たり前のことを教育せねばならない必要に迫られている。

自然に順応しながら生きてきた人間は、畏怖と感謝の念による心の拠り所をもっていた。が、豊かな科学的文明社会に生きる今日の日本人は、科学的に解明する学問に慣れ親しみ、文明の発展につれて、生活の儀式を忘れ、心の安定を失いがちである。

人間が常に心がけてきたことは、日常生活で、自分たちの培ってきた生活の儀式を、次の世代に伝えることであった。さもないと、自分たちと同じ生活文化を身につけた社会人に育ってくれないからである。

社会生活の儀式である風習や道徳心は、人民が自ら融和を図る知恵として、今日まで伝承されてきた生活文化である。その人民融和の理念は人類共通であるが、言葉や方法が民族によって異なる。その違いが民族の特徴でもある。

日本は、すでに千三百年もの長きにわたって、天皇を社会の権威としてきたので、単一民族・単一文化的になり、世界でも例がないほど、よく人民融和が図られてきた国であった。天皇は日本人の融和を図るための中心的な存在であり、文化であったが、絶対的な権力者でも、宗教者でもなかった。だから、中国大陸における皇帝や欧米諸国その他の王位や法王とも異なった、日本独自の文化だともいえる。

④民和を図る知恵

赤子は人間になる可能性をもった動物ではあるが、社会的能力をもった人間ではない。可能性をもった子どもをいかに能力の高い人間に育てるか、それは親や社会人の努力と工夫によるものである。人間は、いつの時代も人間らしく生きる能力を培うことを忘れてはいけないし、衰退させてもいけない。だから、人間の基本的能力は、人間らしく生きる知恵、すなわち、人民融和を図るための生活の儀式だといえる。

この人民融和の言葉を略して〝民和〟とするのであるが、人間が青少年教育を始めたのは、民和を図るためであった。言葉や風習には共通性があり、道徳心には暗黙の了解があるのだが、そのことを教えないことには民和は図れない。戦後の日本は、そのことを忘れて日本人を育てる努力と工夫を怠ってきた。ならば本年を民和元年として、民和を図る新しい方法の第一歩を踏み出す年とすべきである。

二一世紀には、国際化が一層進む。多民族・多文化の社会で生きるには、己のアイデンティティーとして、民和のために生活の儀式を体験して、生活文化を身につけておくことが大事である。それは、日本人は、まず日本人らしく生きる生活文化を身につけることである。

（4）この日本誰に渡す

①豊かな日本

社会には共通の了解事項や、規制が必要。さもないとお互いに騙し合い、傷つけ合い、裏切り合う弱肉強食となりがちである。だからこそ、これまでのいかなる社会でもお互いの了解事項（道徳心または規則）を大切にしてきた。その了解事項の最大公約数が民族であったり国家であったりする。

自然と共に生きる民族の知恵を生活文化と呼び、その文化を伝承することを社会人準備教育、すなわち青少年の健全育成とか青少年教育というのである。

昭和二二年四月に小学校に入学した私は、戦後の日本と共に成長した。何もなくて衣食住にもこと欠いた昭和二〇年代、所得倍増に勤しんだ三〇年代。東京オリンピックに歓喜し、世界の仲間入りを果した四〇年代は、破竹の勢いで経済成長をとげ、「世界の工場」と呼ばれるほど工業化が進み、五〇年代には国際的経済活動の中心国となり、「世界の金庫」と呼ばれるほどになった。そして六〇年代には、戦前・戦中の教育を受けた日本人の負けじ魂と努力と苦労が見事に花開いて、世界で最も平和で豊かな国を築き上げた。戦後の民主教育を受け、自由平等の下に伸び伸びと育った私たちにとって、これほどありがたいことはなかった。しかし、日本は、急いで豊かさを求めたが故に失ったものも多く、社会の根本的な規範が周知されないまま、民族の自主性や価値観の基準を見定めることができていなかった。

②文化やふるさとの喪失

平和憲法の名の下に、社会を維持、管理する主体性を弱め、価値観の基準を失った日本は、社会の安定と継続に必要な人づくりである、社会人の基本的能力、すなわち基層文化（野外文化）と呼ばれる生きる能力の養成や生活の知恵の伝承を忘れていた。民族や国家にとっての価値観は、お互いの暗黙の了解事項である生活文化の共有なのである。その共有文化である財産を世襲し得るためには、お互いに少々の犠牲や妥協、協力、協調がなくてはならないし、努力と奉仕の心得がなくてはならない。

日本人には、青春の日々に心ときめかした恋人を思うような、美しき、緑の野山や青き海や川への憧れがある。四季のある豊かな自然が育んできたふるさとは、日本人に共通する文化であり、いつ、どこで、誰とでも楽しく話し合うことができた。

しかし、今では教育も、政治も、経済も、日本人共通の文化を忘れ、効率的な手段や方法ばかりが目につく。まるで、合理的、科学的、功利的なことが絶対的真理であるかのごとく、ひたすら進歩主義を追い求めてきた。

これまでの日本ではやむを得なかった面もあるが、誰のために、何故、どうして走らなければならないかを、今一度立ち止まって考える必要がある。

私たち一億二三〇〇万人は、地球上の日本列島に運命共同体として共に生きている。繁栄のための経済活動を世界的規模で実践するための国際化と、社会の安定と継続を促す国民化は相反する点があるが、日本人の国民化なくして日本の国際化もありえない。

まずは、お互いに共通する規範と共通の文化をもつ国民化を普及し、より多くの共通性をもつことである。

今日の日本人は共通の〝ふるさと〟を失って孤立化しているが、共通の生活文化を失った社会は、活力や創造力をなくし、やがて内部衰退に陥る。

③日本人から日本人へ

日本人が日本人を愛して、日本人に尽くし、共通の文化をもつことに少しも不都合はない。日本人が繁栄、安定、継続の下に生き続けられるには、技術的、効率的産業主義によるだけではなく、大地に足をつけ、大地を耕し、隣人を愛し、絆を大切にし、共通の文化をもち、自然の恵みを受けることも重要なのである。

理想の平和や国際化を説きながら、日本の生活文化を無視するような、日本人共通のふるさとを否定するような世界主義者を警戒するがよい。そういう学者や評論家、知識者は功利的な個人主義者でしかないからだ。

戦後の日本はアメリカという他国への依存によって、自己管理能力を弱めたが、これまでの多くの人々の努力と工夫によって今や世界の経済大国なのである。この日本、私たちはこれから誰に渡そうとしているのだろうか？　そのことを考えずして真の政治はなく、いかなる経済活動も先が見えている。

栄枯盛衰は世の常であるが、これまでの日本人の苦労と努力の成果は、やはり次の世代の日本人に手渡すべきである。それには、次の世代がよりよい日本人に育つよう努力せねばならない。

これからは見境もなく物欲主義に走ることを少々ひかえ、次代を継ぐよりよい社会人としての人づくり・青少年教育にお金と時間を注ぐよう努力すべきである。そうすれば、日本の活力は復活し、日本人は地球人としての共通のふるさとをもち、社会が安定・継続する。

④追記

令和三（二〇二一）年五月四日快晴。東京都杉並区今川の自宅からそう遠くない、二・三キロメートルほど歩いて善福寺公園を訪ねた。周囲一キロメートルほどの池の上にはロープが張られ、大きな緋鯉たちが並んで、正午の日差しを浴び、大らかにゆったりと泳いでいる。池の周囲には新緑が映え、つつじなどの花が咲き誇り、子どもたちの元気な声が響き、人々が楽し気に散策しているのどかな春の光景が、脳裏を駆けめぐる。

美し日本、平和な日本、楽しい日本……。

善福寺池のほとりに佇んで眺めているうちに、半世紀以上もの間、地球上の一四二か国を歩き、青少年の健全育成に携わり、傘寿を迎えた今、この日本を守り続けたい思いが込み上げ、ここに生き活きている我が身の春が高まった。

〝五月晴れ　泳ぐ緋鯉に　弾む声　日の本の花　君に奉げん〟

あとがき

ここに記載された文章は、公益社団法人青少年交友協会の機関紙「野外文化」などの巻頭に、半世紀にもわたって掲載された内容に多少手を加えたものである。少々の時代差はあるが、あくまでも社会の後継者育成を前提に書いたものなので、意図にズレはない。

人類は、学校教育のない時代から、子どもたちが、大人たちの身につけた地域の生活文化を様々な機会と場を利用して、見習い体験的学習によって社会化され、よりよい社会人になるように仕向けて来た。当たり前のことだが、日本各地の生活文化を共有する人が日本人であり、日本人の生活する地域が日本国である。活気ある日本が安定・継続するには、生活の現場で異年齢の集団による体験活動をすることによって、日本の生活文化を身につけた人が多くなることである。

ここでいう体験活動は、活動するのが目的ではなく、実践することによって思考や知識を働かせ、自ら考え、自ら学ぶ力や人間性を豊かに培い、生きる基本的能力を養成する機会と場としての手段である。

長い歴史を生き抜いてきた人類は、生命力は強いが、暖衣飽食や運動不足には弱い。これからのＩＴやＡＩを中心とする科学的文明社会がどのように発展しようとも、あえて肉体的機能の低下や生きる基本的能力を退化させることなく、人間力を高める努力、工夫が必要。

私たちは、お互いに社会での生き方、あり方、考え方、感じ方などに関する暗黙の了解事項をいくつも作り上げ、ごく普通に生活している。その暗黙の了解事項こそ、人類に共通する社会人の基本的能力としての道徳心。それは、主義や思想、宗教などの観念の世界や民族、国家を超越して共通する、文化としての人間力である。

そのごく当たり前の生活文化をより多く共有することが、社会の活力を促し、これからの平和で安定した社会生活や国際化への重要な道標になる。

これから科学的文明社会と国際化が進めば進むほど、人間の都合のよいように環境が整備され、快適に過ごせるようになるが、その反面、野性的な能力は衰退し、安心感や満足感が得られず、不安や不信感に駆られやすくなり、不満な人が多くなって社会は頽廃しがちになる。

いかなる時代にも、より多くの国民が逞しく生き、引きこもりやうつ病などのような病的状態に陥らないようにして、活気ある日本が安定・継続するには、少年期に風俗習慣、言葉、道徳心や生活力などの生活文化を、しっかり身につけさせる青少年教育である社会人準備教育が大切なのである。拙著が、その青少年教育の一助となれば幸いである。

令和四年六月一八日

於・杉並区今川

【出典一覧】

第1章　日本国と日本人

1　不思議な国・日本の現状

(1) 活力のなくなった日本　『野外文化　第二〇二号』(平成二三年四月二〇日) 巻頭
(2) 世界一の統合国家・日本　『野外文化　第二〇三号』(平成二三年八月三〇日) 巻頭
(3) 日本国騒乱　『野外文化　第二〇九号』(平成二四年八月三一日) 巻頭
(4) 島国ではなくなった日　『野外活動　第七三号』(昭和五九年一二月二〇日) 巻頭
(5) 日本的家族の崩壊　『野外文化　第一六九号』(平成一三年四月一三日) 巻頭
(6) 自殺率が世界一高い日本　『野外文化　第二〇一号』(平成二二年一一月二〇日) 巻頭
(7) 日本国の再認識　『野外文化　第八六号』(昭和六二年二月二〇日) 巻頭
(8) 「日本」という土俵の上で　『野外文化　第一九〇号』(平成一八年七月二〇日) 巻頭
(9) 日本の必要条件　『野外活動　第八〇号』(昭和六一年二月二〇日) 巻頭
(10) 現代日本の怪物〝ぎまん〟　『野外文化　第一五七号』(平成一〇年一二月一八日) 巻頭

2　日本人という民族

(1) 民族の言葉と風習　『野外活動　第五四号』(昭和五六年一〇月二〇日) 巻頭
(2) 遅れてきた民族　『野外活動　第五七号』(昭和五七年四月二三日) 巻頭
(3) 民族的日本人とは　『ZIGZAG　第三二号』(昭和五二年八月二九日) 巻頭
(4) 日本人としてのあり方　『野外文化　第二二六号』(平成三〇年一〇月二〇日) 巻頭
(5) 先取り好みの日本人　『野外活動　第五九号』(昭和五七年八月二八日) 巻頭
(6) 逞しい日本人の育成　『野外文化　第二一一号』(平成二五年四月一九日) 巻頭
(7) 日本人の保証　『ZIGZAG　第二五号』(昭和五六年一二月六日) 巻頭
(8) 日本人が誇れるもの　『野外文化　第一〇〇号』(平成元年六月二〇日) 巻頭
(9) 日本人に名誉と勇気を　『野外文化　第一五八号』(平成一一年二月一九日) 巻頭

3　日本的文化

（1）日本文化の原点　『野外活動　第五八号』（昭和五七年六月二一日）巻頭
（2）日本人と自然　『ZIGZAG　第二九号』（昭和五一年一二月六日）巻頭
（3）稲に育まれた感性　『野外文化　第一二三号』（平成五年四月二〇日）巻頭
（4）稲作文化としての新嘗祭　『野外文化　第一〇五号』（平成二年四月二〇日）巻頭
（5）天皇即位に必要な大嘗祭　『野外文化　第二二一号』（平成二八年八月二五日）巻頭
（6）文化戦争と教育　『野外文化　第一一七号』（平成四年四月二〇日）巻頭
（7）日本語の二通りの数え方　『野外文化　第八九号』（昭和六二年八月二八日）巻頭
（8）カタカナ姓は異文化　『野外活動　第六五号』（昭和五八年八月二七日）巻頭
（9）お正月の原点　『野外活動　第六一号』（昭和五七年一二月二〇日）巻頭
（10）日本の元旦の習わし　『野外文化　第二二二号』（平成二九年一月二〇日）巻頭
（11）たなばたの原点　『野外文化　第六四号』（昭和五八年六月二〇日）巻頭

第2章　日本からの歳出発

1　国際化する日本

（1）世界の中の日本　『ZIGZAG　第一九号』（昭和四九年二月二六日）巻頭
（2）日本人の国際化と国籍　『野外文化　第一四二号』（平成八年六月二〇日）巻頭
（3）日本の国際化と国民教育　『野外文化　第一九六号』（平成二〇年四月一六日）巻頭
（4）先進国・日本国からの発信　『野外文化　第二〇七号』（平成二四年一月二〇日）巻頭

2 世界における日本のあり方

（1）大東亜戦争の人類史的考察　『野外文化 第二一六号』（平成二七年一月二〇日）巻頭
（2）世界における日本の役目　『野外文化 第二一三号』（平成二六年一月二〇日）巻頭
（3）東洋の概念と野外文化教育　『野外文化 第一一一号』（平成三年六月二〇日）巻頭
（4）野外文化教育学会の国際的役目　『野外文化 第一六二号』（平成一一年一〇月二〇日）巻頭

第3章 日本の安定・継続と青少年教育

1 日本国民の育成

（1）国民づくりは自然教育から　『野外文化　第一六六号』（平成一二年七月二一日）巻頭
（2）国語と自然環境　『野外文化　第一二七号』（平成五年一二月一七日）巻頭
（3）戦争を遺産とする知恵　『野外文化　第二一五号』（平成二六年八月二五日）巻頭
（4）祖国日本を信じよう　『野外文化　第二〇五号』（平成二三年四月二〇日）巻頭
（5）千三百年間の戦略的〝大嘗祭〟　『野外文化　第二二七号』（平成三一年四月二〇日）巻頭

2 日本の安定・継続のために

（1）社会の安定・継続と少年教育　『野外文化第二三二号』（令和三年一一月二五日）巻頭
（2）日本人からの出発　『野外文化第九三号』（昭和六二年四月二〇日）巻頭
（3）人民融和のための青少年教育　『野外文化　第九八号』（平成元年二月二〇日）巻頭
（4）この日本誰に渡す　『野外文化第一一三号』（平成三年八月三〇日）巻

【著者】

森田勇造（もりた　ゆうぞう）

昭和15年高知県宿毛市生まれ。昭和39年3月東京農業大学卒。

昭和39年以来、世界（142カ国）の諸民族の生活文化を踏査し続ける。同時に野外文化教育の研究と啓発、実践に努め、青少年の健全育成活動も続ける。元国立信州高遠少年自然の家所長。元国立大学法人東京学芸大学客員教授、元公益社団法人青少年交友協会理事長、現在野外文化研究所所長、野外文化教育学会顧問、博士（学術）、民族研究家、旅行作家、民族写真家。平成24年春旭日双光章叙勲。


〈主要著書〉

『これが世界の人間だ―何でもやってやろう―』（青春出版社）昭和43年、『未来の国オーストラリア』（講談社）昭和45年、『日本人の源流を求めて』（講談社）昭和48年、『ユーゴスラビア』（講談社）昭和48年『遥かなるキリマンジャロ』（栄光出版社）昭和52年、『世界再発見の旅』（旺文社）昭和52年、『わが友、騎馬民』（学研）昭和53年、『日本人の源流』（冬樹社）昭和55年、『シルクロードに生きる』（学研）昭和57年、『「倭人」の源流を求めて』（講談社）昭和57年、『秘境ナガ高地探検記』（東京新聞社）昭和59年、『チンギス・ハンの末裔たち』（講談社）昭和61年、『アジア大踏査行』（日本文芸社）昭和62年、『日本人からの出発』（日本教育新聞社）平成元年、『天葬への旅』（原書房）平成3年、『シルクロードのひみつ』（講談社）平成4年、『ユーラシア二一世紀の旅』（角川書店）平成6年、『野外文化教育入門』（明治図書）平成6年、『生きる力』（ぎょうせい）平成10年、『アジア稲作文化紀行』（雄山閣）平成13年、『地球を歩きながら考えた』（原書房）平成16年、『野外文化教育としての体験活動―野外文化人のすすめ―』（三和書籍）平成22年、『写真で見るアジアの少数民族』Ⅰ～Ⅴ（三和書籍）平成23年～24年、『逞しく生きよう』（原書房）平成25年、『ガンコ親父の教育論―折れない子どもの育て方―』（三和書籍）平成26年、『ビルマ・インパール前線　帰らざる者への追憶―ベトナムからミャンマー西北部への紀行―』（三和書籍）平成27年、『日本人が気づかない心のDNA－母系的社会の道徳心－』（三和書籍）平成29年、『私がなぜ旅行作家になったか』（幻冬舎）平成30年、『チンドウィン川紀行』（三和書籍）平成30年、『大嘗祭の起こりと神社信仰』（三和書籍）令和元年、『大嘗祭の本義―民俗学からみた大嘗祭』（三和書籍）令和元年、『不確実な日々』（新潮社）令和2年、『稲作文化の原郷を訪ねて』（三和書籍）令和3年、『人づくり意識革命』（三和書籍）令和4年。

日本復活と青少年教育

2023年2月23日　第1版第1刷発行

著　者　森　田　勇　造

発行者　高　橋　考
発　行　三　和　書　籍

〒112-0013　東京都文京区音羽2-2-2
電話 03-5395-4630　FAX 03-5395-4632
sanwa@sanwa-co.com
https://www.sanwa-co.com
印刷／製本　中央精版印刷株式会社

ISBN　978-4-86251-481-3 C0037

好評発売中

Sanwa co.,Ltd.

1.銀河鉄道の夜　グスコーブドリの伝記　他
2.セロ弾きのゴーシュ　よだかの星　他
3.風の又三郎　楢ノ木大学士の野宿/種山ヶ原　他
4.注文の多い料理店　ポラーノの広場　他
5.十力の金剛石　めくらぶどうと虹　他
6.雨ニモマケズ　どんぐりと山猫　他
7.春と修羅　星めぐりの歌　他

宮沢賢治大活字本シリーズ　全7巻
A5判　並製　全7巻セット 本体24,500円+税
各巻 本体3,500円+税　ISBN978-4-86251-393-9

1.蜘蛛の糸　神神の微笑／酒虫／夢／妖婆　他
2.蜜柑　トロッコ／あばばばば／少年／葱　他
3.羅生門　藪の中／地獄変／邪宗門　他
4.鼻　芋粥／或日の大石内蔵助／枯野抄　他
5.杜子春　侏儒の言葉／アグニの神　他
6.河童　桃太郎／猿蟹合戦／かちかち山　他
7.舞踏会　蜃気楼／奉教人の死／素戔嗚尊　他

芥川龍之介大活字本シリーズ　全7巻
A5判　並製　全7巻セット 本体24,500円+税
各巻 本体3,500円+税　ISBN978-4-86251-407-3

1．坊っちゃん
2．草枕
3．こころ
4．三四郎
5．それから
6．吾輩は猫である
7．夢十夜　夢十夜 / 文鳥 / 自転車日記　他

夏目漱石大活字本シリーズ
A5版　並製　全7巻12冊セット　本体42,000円+税
各巻　本体3,500円+税　ISBN978-4-86251-438-7

1．人間失格
2．走れメロス　走れメロス／お伽草子
3．斜陽
4．ヴィヨンの妻　ヴィヨンの妻／女生徒　他
5．富嶽百景　富嶽百景、東京八景／帰去来　他
6．パンドラの匣
7．グッド・バイ　グッド・バイ　他

太宰治大活字本シリーズ　全7巻
A5版　並製　全7巻セット本体24,500円+税 各巻
本体3,500円+税　ISBN978-4-86251-459-2